Beate Boelsche

Wanderungen im Kreis Brandenburg

Beate Boelsche

Wanderungen im Kreis Brandenburg

Stapp Verlag

ISBN 3 87776 260 3

Fotos: B. Boelsche
Zeichnungen: G. Anton
Satz + Gestaltung: Buchwerbung in Berlin GmbH
Druck: Color-Druck Dorfi GmbH, Berlin
Bindung: Stein Industriebuchbinderei, Berlin

Inhaltsverzeichnis

Zur Neuen Mühle

Diese 8 km lange Wanderung ist bei den Brandenburger Bürgern sehr beliebt. Schon die Tatsache, daß die Anfahrt mit dem Stadtbus Linie B oder auch mit dem PKW bis Wilhelmsdorf erfolgen kann, ist von Vorteil.

Nach dem Ausstieg aus dem Bus wechseln wir gleich auf die andere Fahrbahnseite und gehen bis zur Ecke, am „Haus Wilhelmsdorf" vorbei, einem früheren Kurhaus, das heute als Altenheim der Inneren Mission gehört.

Wir überqueren die Fahrbahn und sehen im Winkel von 45 Grad zur Chaussee einen Waldweg. Diesem folgen wir und erblicken wenig später rechterhand eine Wegeskizze und das dazugehörige Markierungszeichen weiß-gelb-weiß, das uns vorläufig begleiten und die Richtung weisen wird. Links etwas versteckt hinter Bäumen ragt ein schlanker Turm in die Höhe, ein Feuerwachturm der Försterei, der ab Waldbrandwarnstufe 1 von Forstarbeitern besetzt ist. Diese Feuerwachtürme sieht man überall in unseren Wäldern, sie sind ca. 30 m hoch und gewähren einen weiten Rundblick.

Der Weg, den wir jetzt wandern, ist ein Teil des früheren Schulweges, den die Kinder von Görisgräben, Wendgräben und Neue Mühle benutzten, um zum Schulunterricht nach Wilhelmsdorf zu gelangen, er wird bis heute der Schulsteig genannt. Ein Grünspecht kichert durch den Wald, dann sehen wir ihn auch fliegen und an einem Baumstamm Halt machen.

Links des Weges, nachdem wir aus dem Wald herausgekommen und an einem Stangenwald vorbeigegangen sind, verfolgen wir nach rechts den offensichtlich als Fahrweg genutzten und teilweise geschotterten Weg.

Zur Rechten, weit hinter den verstreut wachsenden Holunderbüschen, liegt die Abwasserklärung der Stadt, die Rieselfelder. Letztere wurden 1896 angelegt und vor kurzem rekonstruiert. Bussarde und Milane kreisen über dem großflächigen Areal.

Bald sehen wir halblinks einen schmalen Waldweg abbiegen. Das ist die Fortsetzung des Schulsteiges, die uns direkt zur Neuen Mühle bringt. Der Weg, den wir verlassen haben und auf dem wir übrigens zurückkommen werden, führt zur Kolonie Wendgräben. Auch hier finden wir wieder das Wanderzeichen, so daß der Weg kaum verfehlt werden kann; er überquert kurz vor unserem Ziel noch einen Fahrweg, verläuft durch einen Jungkiefernbestand, und danach sehen wir bereits Häuser und Dächer durch die Bäume schimmern. Linkerhand stehen Wohn- und Gerätehaus der Fischer, die die Fischzuchtanlage betreuen. Die Teiche erhalten ihr Wasser aus der Buckau, ziehen sich in Richtung Mahlenzien hin und sind etwa 16 ha groß. Sie wurden erst vor wenigen Jahren rekonstruiert.

Der Weg, der an diesem Häuserkomplex entlang in nördlicher Richtung verläuft, führt nach Görisgräben.

Wir halten uns rechts und stehen an der Neuen Mühle. Sie wurde erstmals um 1386 erwähnt (item molam Wentgroeben). Von der einstigen Befestigungsanlage, die hier der vorgeschobenste Posten der Neustadt Brandenburg war und vor allem Überfälle aus dem Magdeburger Raum aufhalten sollte, ist nur der Wartturm,

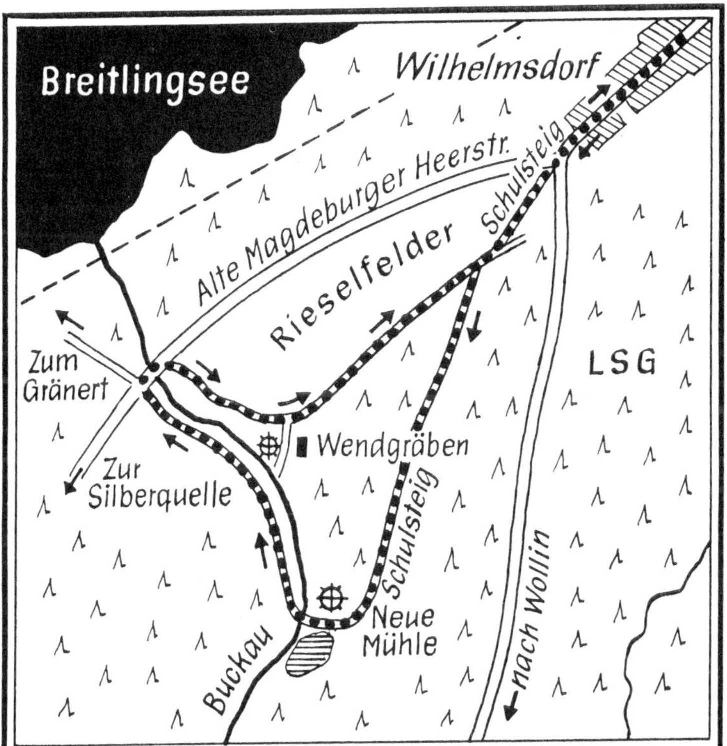
Breitlingsee
Wilhelmsdorf
Alte Magdeburger Heerstr.
Schulsteig
Rieselfelder
Zum Gränert
Wendgräben
Zur Silberquelle
LSG
Schulsteig
Neue Mühle
Buckau
nach Wollin

direkt am Mühlenüberfall, geblieben. Der untere Teil des Turmes ist aus Granitfindlingen gebaut und weist eine Stärke von 1,40 m auf. Hier stand früher eine Wassergetreidemühle mit 2 Gängen, die von der Buckau angetrieben wurde. Mehr als drei Wohnhäuser hat es dort nie gegeben.

Aus einem Bericht von 1650 geht hervor, daß die umliegenden Kämmereidörfer zum Teil wüst liegen (Görisgräben), die Neue Mühle von den Schweden niedergebrannt wurde und die Schäfereien (Vorwerke) ausgeraubt sind.

In der Neuen Mühle kann man jetzt auch wieder wie früher einkehren, nur donnerstags ist Ruhetag.

Eine „Alte Mühle" hat westlich der Buckau gestanden. Dias Flüßchen entspringt unweit Görzke im Fläming und ist wegen seiner guten Wasserqualität Lebensraum für verschiedene seltene und geschützte Wildfische.

Nach Überquerung der Buckaubrücke biegen wir gleich rechts in einen fast zugewachsenen Pfad ein (Markierung beachten!) und erfreuen uns der Landschaft. Dies ist der schönste Teil der gesamten Wegstrecke. Dominieren zuerst die Birken, so nimmt die Niederung bald den Charakter eines Auwaldes an, in dem aber auch Douglasien, einige Kiefern und Pappeln neben Erlen und Eichen zu finden sind. Der Weg führt immer an der Buckau entlang. Während wir im Frühling das nicht sehr häufige Moschuskraut – eine kriechende Staude von 5–15 cm Höhe und gelb-grünen unscheinbaren Blüten – bemerken, finden wir im Herbst zu Seiten des schnell breiter werdenden Weges vor allem Frauentäublinge. Der Hut ist zwischen violettgrün, blaugrau bis dunkelgrün gefärbt. Die Lamellen sind weiß und splittern im Gegensatz zu anderen Täublingen kaum. Er ist ein vorzüglicher Speisepilz. Wir halten uns immer links des Flüßchens bis zur Buckaubrücke. Vorher aber lugen unterwegs die Dächer der Kolonie Wendgräben durch das Blattwerk. Wendgräben wurde 1396 erstmals erwähnt (dat dorp tu der Wentgroben). 1861 wurde der Ort auch als Mittelstes Vorwerk der Stadt bezeichnet. Friedrich II. siedelte hier wie auch in Görisgräben und Wilhelmsdorf Spinner an.

Den Zilpzalp hören wir, auch die Singdrossel, die Mönchsgrasmücke, den Fitis und den Buchfink. Aufmerken sollte man und nicht an den großen alten Eichen achtlos vorbei gehen.

Am Ende des Weges finden wir einen kleinen Rastplatz vor und nutzen ihn dankbar zum Verweilen. Über die Buckaubrücke trippelt gerade eine Bachstelze, und weit hinten ruft ein Schwarzspecht.

Der breite Weg, den wir vor uns haben, ist die alte Magdeburger Heerstraße. Wir sehen Pfähle mit verschiedenen Markierungszeichen an dieser Dreigabel. Folgen wir dem weiß-rot-weißen Zeichen, haben wir noch eine besonders schöne Verlängerung unseres Weges vor uns, wir lernen die von Buchen umstandene Silberquelle kennen und den Diebesgrund, in dem im Mittelalter der Räuber Habakuk Schmauch mit einer Bande sein Unwesen trieb und viele Kaufmannszüge überfiel, bis ihm endlich das Handwerk gelegt wurde.

Es gibt nun zwei Möglichkeiten: Nach Überschreiten der Brücke stur geradeaus auf der Alten Heerstraße wieder nach Wilhelmsdorf zurückzukehren oder aber einen sehr viel weniger von Autos frequentierten Weg zu benutzen, der uns allerdings das letzte Stück nicht mehr neu ist und auf dem schon bekannten Weg zurückführt.

Natürlich wählen wir die zweite Variante und biegen in die erste unbefestigte Straße rechts ab. An einem

Baum zur Rechten finden wir einen Wegweiser: Wendgräben. An der nächsten Gabel wandern wir links, ohne in den Ort nach rechts zu gehen, weiter geradeaus, zur Rechten eines Grabens, der mit Wasserschwaden und Ampfer an den Rändern bestanden ist. Abermals zweigt nach rechts ein Weg ab; wir sehen ein Herrenhaus, das wahrscheinlich zum Rittergut gehörte, welches 1837 in der Ortschronik aufgeführt ist, und verfolgen unseren Weg geradeaus, bis wir auf den kommen, den wir als teilweise geschottert bereits kennen.

Mit lautem Schrei fliegen Fischreiher über uns hinweg. Sie haben schon seit Jahren eine Brutkolonie an der Malge am Breitlingsee.

Das letzte Stück zurück wird uns wohl kaum Schwierigkeiten machen, außerdem ist der Weg ja markiert.

Von Netzen nach Rietz

Zu empfehlen ist die nachfolgende Tour (12 km) am besten für das Frühjahr oder den Herbst. Außerdem sollte man sich ein gutes Fernglas und etwas Verpflegung mitnehmen.

Man erreicht Netzen mit dem Bus der Linie D103 ab Trauerberg und geht nach Verlassen des Busses in Fahrtrichtung weiter bis zur „Dorfstraße", die mit den bekannten gelben Ziegeln gepflastert ist und links abbiegt. Hier schwenken wir ein, kommen an der Kirche vorbei, einem rechteckigen Backsteinbau aus dem 14./15. Jh. Der Turm zeigt eine oktogonale Spitze. An der rechten Seite des Schiffes finden wir ein Spitzbogenportal, flankiert von zwei Kreisblenden. In die Wand eingelassen ist auch eine Grabplatte.

Netzen wurde erstmals 1190 erwähnt und gehörte erst dem Kloster Lehnin, später zum Amt Lehnin. Im Landbuch Kaiser Karls IV. wurde 1375 vermerkt, daß von den 25 Hufen nur die Hälfte der Abgaben zu erwarten ist, da das Dorf von denen v. Wulffen verwüstet worden war. 1541 hat der Pfarrer ein Pfarrhaus, dazu Wiesenwachs zu 5 Fugen Heu, einen Krautgarten, eine Hufe Land, Fischerei, Kornzehnten, den dritten Teil des Fleischzehnten, er hat 1 1/2 Wispel (1 Wispel ca. 14 Hektoliter) Roggen, 1/2 Wispel Hafer von den Bauern zu

Prützke. Der Küster – ebenfalls für 1541 vermeldet – hat ein Küsterhäuslein samt Garten, eine Wiese zu 1 Fuder Heu, hat 24 Scheffel Scheffelkorn, Ostereier und drei Brote aus jedem Haus. In jenem Jahr gab es 41 Kommunikanten in Netzen, die solchermaßen für das „Jahresgehalt" von Küster und Pfarrer aufzukommen hatten. Nach dem Dreißigjährigen Krieg fielen viele Flächen aus, („da bewachsen und untüchtig"). 1801 sind 32 Feuerstellen registriert; 1931 gibt es 157 Wohnhäuser mit 192 Haushalten. Heute hat der Ort ca. 700 Einwohner.

Die Dorfstraße mündet in die Mühlenstraße nach links hin ein, die dann in einen Sandweg übergeht. Auf diesem wandern wir weiter geradeaus und sehen rechts von uns den Netzener See. Von den Feldern zu beiden Seiten des Weges steigen jubilierend Feldlerchen auf, und ständiges Gegacker der Graugänse, die wir bis zum Zielort Rietz noch häufig zu sehen bekommen werden, begleitet uns. An der Weggabel halten wir uns rechts, auf die Brücke, die über den Emster Kanal führt, zu. Ein Schwarzspecht fliegt über uns hinweg, in der Baumgruppe links singt ein Rotkehlchen.

Auf der Brücke erfreut uns die Idylle des Wasserlaufes. Nach dem Überqueren desselben geht es rechts herum auf einem schwarzen Weg, dem wir in allen Krümmungen durch die Niederung zu beiden Seiten folgen. Von der Brücke aus konnte man nach links hin überschwemmte Wiesen sehen. Wer ornithologisch interessiert ist, sollte sich einen Abstecher nach links leisten zum Beobachten von Limikolen. Mit einiger Kenntnis wird sich Bemerkenswertes feststellen lassen. Dadurch, daß das Gebiet nicht mehr entwässert wird, bildeten sich große Seichtwasserzonen, ein ideales Gebiet für Limikolen.

Zu den Limikolen (Watvögel, Sumpfbewohner) gehö-

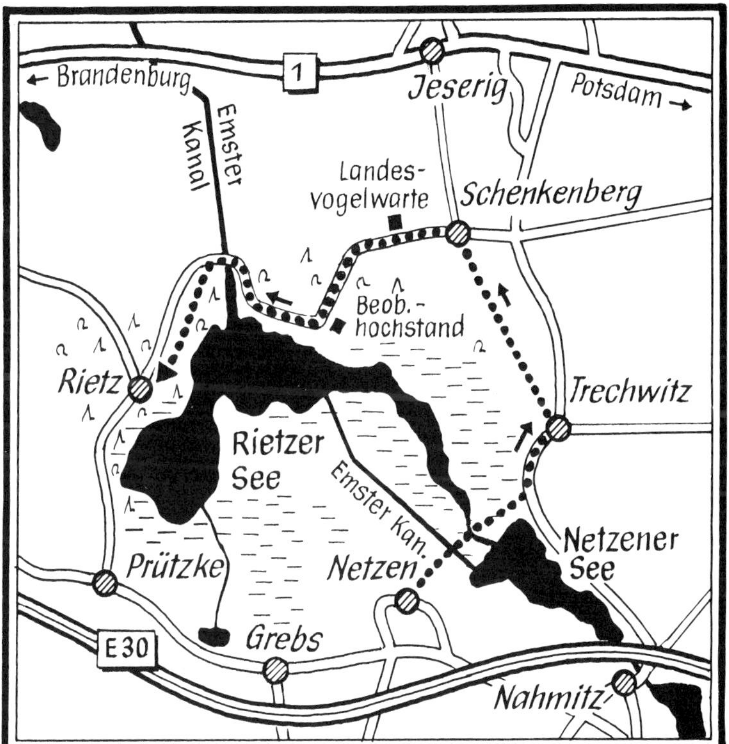
← Brandenburg
1
Jeserig
Potsdam →
Emster Kanal
Landes-
vogelwarte
Schenkenberg
Beob.-
hochstand
Rietz
Trechwitz
Rietzer
See
Emster Kan.
Netzener
See
Prützke
Netzen
E30
Grebs
Nahmitz

ren Kiebitze, Bekassinen, Wasserläufer, Strandläufer, Brachvögel, Schnepfen, Regenpfeifer u.a. Fast alle Arten sind Bodenbrüter, die eine kleine Nestmulde mit wenig Gräsern und Stengeln auskleiden. Sie sind dem Boden so angepaßt, daß sie kaum auffindbar sind. Die Eier, meistens vier, liegen immer mit der Spitze zur Mitte hin und sind durch ihre Färbung, die den umliegenden Steinen, Gräsern, Kies und dgl. ähnlich sehen, völlig unauffällig. Sind die Jungen geschlüpft, verlassen sie, sowie sie trocken geworden sind, das Nest und laufen hinter den Altvögeln her ins freie Gelände. Sie sind, wie der Ornithologe sagt, Nestflüchter. Alle Limikolen haben, bis auf die Regenpfeifer, einen langen, manchmal auch gebogenen Schnabel, mit dem sie im Schlamm nach Nahrung herumstochern können. Sie leben von Krebstierchen, Schnecken, Würmern, Insekten, die sich im seichten Wasser aufhalten. Limikolen sind Zugvögel, die in Afrika und im südlichen Asien überwintern.

Am Ende des schwarzen Weges, der durch Baumgruppen, Wasserläufe, Sumpf, Schilfbestände und die Vögel ringsum durchaus abwechslungsreich ist, stehen rechterhand einige Bungalows am Netzener See. Auf dem See selbst sehen wir Haubentaucher, Stock-, Reiher- und Tafelenten, Graugänse, am Ufer Fischreiher.

Wir stoßen auf eine Betonstraße und wenden uns nach links. Eschen und Linden stehen zu beiden Seiten, und plötzlich hören wir einen Gartenbaumläufer. Kurz darauf erkennen wir ihn. Er läuft gerade spiralig um einen Baumstamm; in der Mitte angekommen, fliegt er zum nächststehenden Baum und beginnt wieder von unten das Spielchen von vorn. Durch diese, nur ihm typische Eigenschaft kann man ihn sofort identifizieren. Er bevorzugt Alleen, Parks, Gärten, ist aber auch im Wald zu finden. Mit dem leicht gebogenen Schnabel kann er gut Insekten aus der Baumrinde und darunter herauspicken. Sein Nest liegt meistens unter abblätternder, etwas gelöster Rinde, aber auch hinter Brettern und Balken von Holzbauten. Das Gelege besteht aus 5–7 Eiern. Der Gartenbaumläufer ist ein Standvogel.

Wir nähern uns dem Ort Trechwitz, den wir aber nur an seinen Ausläufern durchwandern. Trechwitz lag ursprünglich westlich der heutigen Dorfstelle und wurde nach seiner Zerstörung durch die Quitzows 1408 weiter östlich wieder aufgebaut. Der Ort wurde 1186 erstmals erwähnt (Otto in Trechwitz). Bis 1542 gehörte er zum Kloster Lehnin. 1608 wird ein Rittersitz des Happe von Happberg erwähnt. 1729 bis 1872 ist die Familie von Rochow Besitzer des Ortes, der auch die heutige Gestalt der Kirche zuzurechnen ist, die erst kürzlich restauriert wurde. Wer sie betrachten möchte, geht, nachdem er die Betonstraße nach rechts hin zum Dorf verließ, weiter geradeaus, während ansonsten gleich in die erste Straße links, die Schenkenberger, eingebogen werden muß. Gleich danach geht es halblinks in die unbefestigte Straße, die Neusiedlerstraße heißt, immer an Landhäusern vorbei. Sie mündet in einen 3 km langen Weg durch Kiefernwald. Aber auch hier ist der Ornithologe nicht müßig, statt Limikolen und Wasservögeln bieten sich Waldbewohner an, gleich hinter den ersten Häusern empfängt uns schon die Singdrossel. Zur Herbstzeit wird außerdem der Pilzsucher allerlei finden.

Unterhalb von Schenkenberg endet der Weg, und wir geraten auf eine Kreuzung. Unser Weg verläuft jetzt in westlicher Richtung, d. h. wir müssen links einbiegen.

Schenkenberg ist ein junges Dorf, 1928 aus Parzellen des Gutsbezirkes Jeserig, der Siedlungsgesellschaft Deutschland mbH in Berlin und der Deutschen Kultur- und Siedlungsgesellschaft mbH in Berlin zur Landgemeinde Schenkenberg erhoben. Vorher gehörten die Vorwerke, die dort standen, zu Jeserig, bzw. zu Trechwitz.

Vor uns dehnt sich weit das Land bis hin zum Rietzer See, der aber noch lange nicht zu sehen ist. Wiesen, Weiden, Felder. Das Gebiet ist Trinkwasserschutzgebiet, wie die entsprechenden Schilder ausweisen. Das Gebäude an der rechten Wegseite ist das Wasserwerk Schenkenberg-Bruch.

Außerdem fällt uns ein weißes, von Gebüsch umstandenes Flachgebäude etwas zurückgesetzt rechterhand auf. Das ist die Staatliche Vogelschutzwarte des Landes Brandenburg. Ursprünglich war es ein Melkstand. Als das umliegende Weideland in Ackerland umgewandelt wurde, verlor das Gebäude seine Funktion, und Ornithologen, Naturschützer und Kulturbundmitglieder ließen in gemeinsamer Arbeit in den Jahren von 1979–1981 aus dem inzwischen zur Ruine gewordenen Melkstand ein Kreisnaturschutzzentrum entstehen. Der Rietzer See, sein angrenzendes Gelände, vor allem des breiten Schilfgürtels und der umliegenden Wiesen wegen von vielen Vögeln ein bevorzugtes Brutgebiet, wurde 1967 zum Naturschutzgebiet erklärt in einer Größenordnung von fast 800 ha. 1963 wurde bereits eine kleine Schutzhütte, der wir auf unserer Wanderung noch begegnen werden, erbaut, um Arbeits- und Unterkunftsmöglichkeiten für ein oder auch zwei Ornithologen zu bieten. Seinerzeit galten die Forschungen hauptsächlich einem kleinen Singvogel, dem Seggenrohrsänger, der inzwischen aber nicht mehr am Rietzer See vorkommt. Auch die Großtrappen, die auf den anliegenden Feldern anzutreffen waren, sieht man dort nicht mehr. Wohl aber Kraniche, ein bis zwei Paar brüten auch jährlich mit unterschiedlichem Erfolg. Bartmeisen, Eisvogel, Sumpf- und Schilfrohrsänger sowie Blaukehlchen, Rohrschwirl

Brücke über die Klinke (zu Seite 132)

u. a. bevölkern das Gebiet wie Rohrweihen, Turmfalken, Mäusebussard, Kornweihe. Zudem gibt es auch verschiedene seltene und zum Teil vom Aussterben bedrohte Pflanzenarten.

Das ehemalige Kreisnaturschutzzentrum ist jetzt, wie schon erwähnt, Staatliche Vogelschutzwarte für das Land Brandenburg mit hauptamtlicher Leitung. Das Gebäude wurde ausgebaut und erweitert, auch modernisiert. Eine Kreiskartei über alle bisher zusammengetragenen Daten der Vogelwelt, aber auch der Botanik, der Entomologie und der Herpetologie steht für wissenschaftliche Arbeiten zur Verfügung und wird ständig ergänzt. Forschungen zur Besiedlungsdichte von Vogelpopulationen, Beringungen ausgewählter Arten über größere Zeiträume hinweg gehören unter anderem zu den Aufgaben.

Wer die Vogelwarte besuchen will, sollte sich aber vorher anmelden. Die Anschrift lautet: Staatliche Vogelschutzwarte Rietzer See, O-1801 Schenkenberg.

Wir lassen das Gebäude rechterhand hinter uns und wandern weiter geradeaus, folgen dem Weg links herum über einen Graben hinweg und gehen, linkerhand lockeren Baumbestand zur Seite, auch eine kleine Kiefernschonung dazwischen, auf einen Beobachtungsstand zu. Links davon sieht man die bereits erwähnte Schutzhütte. Dieser Hochstand wurde von Mitgliedern der Fachgruppe Ornithologie 1984 erbaut. Von hier hat man einen weiten Ausblick über das Land und einen guten Beobachtungsplatz.

Unsere Wanderung setzen wir nun auf dem Deich fort und zwar in westlicher Richtung zum Rietzer See hin. Vom Deich aus läßt sich der breite Schilfgürtel erkennen, der den See umgibt. Der See selbst ist ein Flachsee von ca. 450 ha. Auf den Wiesen sehen wir wieder

Graugänse, je nach Jahreszeit auch die nördlichen Gäste, Saat- und Bleßgänse. Sie rasten zu Tausenden am Rietzer See, aber auch an anderen Orten im Kreis Brandenburg. Vom Deich aus sehen wir linkerhand im Schilfgürtel zwei angelegte Schneisen und kleine Bretterstege. Wir haben es hier mit Fangplätzen für die Vogelberingung zu tun. An den langen Stangen werden feinmaschige Netze befestigt, die so aufgehängt werden, daß sich Taschen bilden, in die die Vögel fallen, wenn sie gegen die Netze fliegen. Der Beringer trägt außer der Ringnummer auch das Gewicht des Vogels ein, erfaßt Alter und Geschlecht, Flügel- und Schwanzlänge und natürlich Ort und Uhrzeit. Die Angaben werden dann zur Vogelwarte Hiddensee gegeben und im Computer gespeichert. Bei Fundmeldungen von beringten Vögeln bekommt auch der Beringer Nachricht.

Der Deich macht später einen Knick nach links, verläuft weiter am Emster-Kanal entlang. An der Brücke verlassen wir ihn, überqueren den hölzernen Überweg und wenden uns nach links. Dieser Weg führt uns auf Rietz zu, ein kleines märkisches Dorf, das 1273 erstmals erwähnt wurde (partem stagni Retitz = teilweise überschwemmt, unter Wasser stehend); der Name ist nicht eindeutig zu klären, es kann ein Personen- wie auch ein Gewässername sein, auch von rédica = dünn, selten, Fischnetz, oder auch von radica = gern, froh (Rädel) abzuleiten sein. Bis 1816 gehörte der Ort zum Justizamt Ziesar. Im Landbuch Kaiser Karls IV. ist Rietz nicht aufgeführt. 1801 gab es 16 Schiffer und einen Fischer.

Die Schiffer transportierten, wie in anderen Streckenbeschreibungen erwähnt, Ziegel nach Berlin, die aus dem im gesamten Gebiet vorkommenden Ton hergestellt wurden. In Rädel gibt es auch noch einen alten Ringofen. Eine Kahnladung barg 60.000 bis 75.000 Ziegelsteine.

Eine Fahrt nach Berlin dauerte 14 Tage, einschl. der Lade- und Rückfahrzeit.

Rietz ist dadurch bekannt, daß es hier noch bis zum heutigen Tage die früher auch in anderen Orten durchgeführten Schifferfeste gibt, obwohl schon seit Jahrzehnten keine Ziegel mehr mit Kähnen über Emster und Havel verschifft werden und es keine Schiffer mehr gibt. Das Schifferfest findet immer im Winter statt, weil dann wegen der zugefrorenen Flüsse Zeit zum Feiern war.

Wer noch, bevor er in Rietz den Bus D 103 zur Rückfahrt nach Brandenburg besteigt, einkehren will, kann sich gut und preiswert in der Gaststätte „Zum Seeblick" stärken. Ohnehin kommen wir auf dem Weg zur Bushaltestelle am Gasthaus vorbei.

Von Rietz nach Schmerzke

(6 km)

Auch in der näheren Umgebung unserer Stadt gibt es Wandermöglichkeiten, und wer längere Strecken bevorzugt, sollte aus verschiedenen Angeboten von 3–5 km eine Kette zusammenstellen, um auf seine Kosten zu kommen. Heute wollen wir die Tour von Rietz nach Schmerzke vorstellen. Um aber ein Beispiel für obigen Vorschlag zu geben, folgende Hinweise: von Prützke nach Rietz oder von Schenkenberg aus oder auch von Wust die Wanderung beginnen. Möglich wäre auch von Neuschmerzke nach Rietz und dann wie beschrieben weiter. Man kann auch die nachfolgende Beschreibung als Mittelteil eingliedern und von Schmerzke nach Göttin weiterwandern, bzw. bis Brandenburg–Eigene Scholle.

Nach Rietz gelangen wir mit der Buslinie D 103, gehen ein paar Schritte vor und sehen uns einer Dreiergabel gegenüber. Die linke, asphaltierte Straße entfällt, und auch den rechten Weg schlagen wir nicht ein, sondern nehmen die mittelste, Göttiner Straße geheißen, und mit Kopfsteinpflaster versehen. Langsam verlieren sich die Häuser hinter uns, auch der Weg weist keine Steine mehr auf, sondern leichten Grasbewuchs. Rechts und links sehen wir stillgelegte Ackerflächen. Früher konnte man hier oft Hunderte von Gänsen beim Äsen auf der Wintersaat beobachten, liegt doch nicht weit der Rietzer See, auf dem sich jährlich nordische Gänse zur Rast im Herbst einstellen. Bis zu 6.000 Saat- und Bleßgänse, darunter noch einige bei uns brütende Graugänse und seltenere Arten wie Kanadagans, Kurzschnabelgans und andere, wurden erfaßt.

Die Brachen neben uns sind hoch mit verschiedenen Wildkräutern bewachsen und verhindern so eine Erosion des Bodens und eine Auswaschung der Mineralstoffe.

Vor uns sind schon die Reuterfichten, wie dieser Wald heißt, zu sehen. Der Weg wird durch einen anderen, breiten Fahrweg, geschnitten, er setzt sich durch den Wald geradeaus fort. Der andere, der den unsrigen schneidet, ist eine der Alten Heerstraßen um Brandenburg. Diese hier führte nach Lehnin.

Zur Pilzzeit kann man in den Reuterfichten viele eßbare Arten finden. Jetzt sollte man in dem zu beiden Seiten des Weges reichlich vorhandenen Moos nach Frostschnecklingen gucken, ein kleiner, sehr wohlschmeckender, erst nach den ersten Frösten wachsender Pilz. Der Hut ist olivkaffeebraun und schleimig und 2–5 cm breit. Die Lamellen sind gelb bis gelbgrün oder gelborange, der Stiel ist ähnlich gefärbt. Der ganze Pilz kann bis zu 8 cm hoch werden, ist im allgemeinen aber kleiner.

Wir gehen noch immer geradeaus, an einer weiteren, rechts gelegenen Brache vorbei und sehen uns vor einer Weggabelung. Hier halten wir uns links. Kiefer bewachsene Sanddünen bemerken wir zur Linken, und an der nächsten, schwach ausgebildeten Gabel nehmen wir nun den rechten Zweig. Locker stehende, knorrig gewachsene Kiefern fallen uns auf, darunter etliche Zwillingsbäume. Dann lichtet sich der Wald und da, wo unser Weg eine leichte Krümmung macht, sehen wir einen von star-

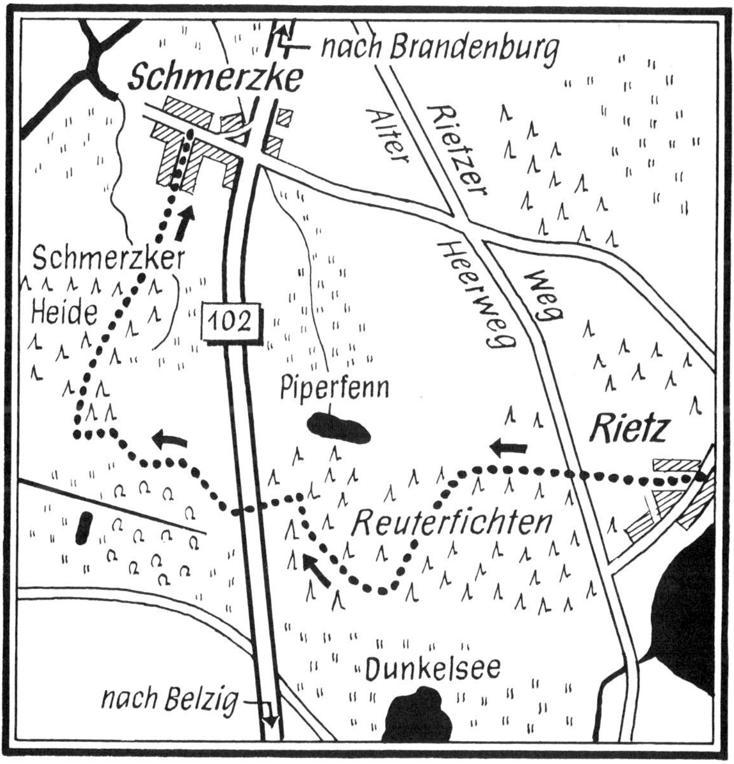
nach Brandenburg
Schmerzke
Alter
Rietzer
Heerweg
Weg
Schmerzker
Heide
102
Piperfenn
Rietz
Reuterfichten
Dunkelsee
nach Belzig

ken Wurzeln durchzogenen Weg rechts abgehen und wandern auf diesem weiter, linkerhand dünne Stangenbäume, die eine Schneise, welche parallel zu unserem Weg verläuft, säumen. Wir folgen ihm, bis er auf einen anderen Fahrweg stößt, und schwenken links ein. Der Weg führt dann über die Schneise hinweg und verläuft nach rechts weiter.

Über uns kreisen mehrere Bussarde. Wir erfreuen uns an ihrem Flugbild. Längst hat uns der Weg wieder in den Wald geführt. Immer noch steht dichtes, grünes Moos zu beiden Seiten. Moose gehören erdgeschichtlich zu den ältesten Landpflanzen. Sie zählen zu den „Niederen Pflanzen", weil sie nicht den typischen Aufbau in Wurzeln, Sproß und Blätter aufweisen. Moose haben keine Wurzeln, sie verankern sich im Boden mit wurzelartigen Haaren. Viele Moose können sich bis zum zwanzigfachen ihres Eigengewichtes mit Wasser vollsaugen. Darum finden wir auch oft im feuchten Moos noch Pilze, wenn woanders im trockenen Boden keine mehr wachsen.

Wir schwenken dann links ein in den Weg, der unseren schneidet, und wieder links in einen Feldweg, der uns auf die B 102 zu führt, die wir überqueren. Gleich auf der anderen Seite setzt sich der Weg fort. Er windet sich rechterhand an einer Baumreihe entlang, die erst aus Birken, später aus Eichen besteht. Unter diesen kann man bei günstiger Witterung Parasolpilze, Champignons und violette Rötelritterlinge finden. Anfangs sehen wir über dem zur Rechten liegenden Hügel die Kirche von Schmerzke hervorgucken, bis sie langsam wieder hinter der Landschaft verschwindet. Weit schweift der Blick über das Land.

Wir folgen dem Weg in allen seinen Windungen. In den Bäumen tummeln sich Schwanzmeisen, an denen

Am Frei- oder Schleusengraben (zu Seite 50)

uns sofort der besonders lange schwarze Schwanz auffällt. Man kann diese schwärzlich-weißlich-rötlichen Federbällchen mit keinem anderen Vogel verwechseln. Auch das „si-si-si" ist gravierend und läßt aufhorchen. Die Schwanzmeise bewohnt große Gärten und Feuchtgebiete mit lockerem Laubholzbestand. Sie überwintert auch bei uns, ist also ein Standvogel. Sie baut ein beutelförmiges Nest mit Seiteneingang und brütet zwei Gelege mit je 6–12 Eiern aus. Wegen ihres Schwanzes wird sie im Volksmund auch Pfannstielchen genannt.

Wir sind nun schon am Schmerzker Busch, wie der Wald vor uns heißt, angekommen und treffen auf einen breiten Fahrweg. Hier wenden wir uns nach rechts und gehen entlang der Lichtmasten an unserer rechten Seite immer geradeaus bis zur Dorfmitte des Ortes Schmerzke. Solange wir am Rande des Schmerzker Busches wandern, freuen wir uns über die Laubfärbung der Stieleichen, die in leuchtendem Grüngelb erstrahlen. Der Weg ist dann schon bald, nachdem wir Freigelände erreichen, betoniert. Die einzelnen Häuser und Vorgärten machen einen sehr gepflegten Eindruck. Die Straße, die uns in das Dorf führt, heißt Am Zingel. Sie war im Mittelalter schon ein wichtiger Verkehrsweg, da auf ihr Salz, das mit Schiffen von Lüneburg am Salzhof in Brandenburg angelandet wurde, weiter nach Belzig transportiert worden sind.

Am Ende der einstigen Salzstraße biegen wir rechts ein, um zur Bushaltestelle zu gelangen. Die Hauptstraße von Schmerzke ist mit Ebereschen bepflanzt. Rot leuchten die Beeren in den Herbsttages. Sie sind willkommene Nahrung für Wacholder- und Misteldrosseln, die wir dort aus nächster Nähe beobachten können.

Zum Schmerzker Busch

Gerade zur Winterzeit sucht man sich kleine Wanderstrecken. So werden meistens der Weg um den Gördensee oder der zur Neuen Mühle begangen. Aber sozusagen fast vor der Haustür gibt es noch etliche andere Möglichkeiten, eine davon soll heute ins Blickfeld gerückt werden: Eine knapp zweistündige Wanderung durch den Schmerzker Busch.

Nach Schmerzke gelangen wir mit der Stadtbuslinie A, wenden uns nach Verlassen des Busses nach rechts und gehen durch das Dorf, bis wir linkerhand in die erste Straße, Am Zingel geheißen, einbiegen. Dies ist die frühere Salzstraße nach Belzig, von der schon in einer anderen Streckenbeschreibung die Rede war. Wir halten uns immer in gerader Richtung nach Süden. Der Betonbelag wechselt kurz vor dem Wald in einen breiten, befahrenen Sandweg. Zur Linken verläuft eine Stromleitung, hochstämmige Kiefern und Freiflächen begleiten uns. Der Schmerzker Busch besteht aus reinen Kiefernflächen wie auch aus Laubwald, teilweise auch gemischter Bestand. Er bietet viel Abwechslung, und wer den nachfolgend beschriebenen Weg nicht unbedingt gehen möchte, dem sei gesagt, verirren kann man sich eigentlich kaum, wohl aber noch mehr entdecken, wenn man kreuz und quer läuft. Im Frühjahr finden wir auch Buschwindröschen in größeren Beständen, im Herbst verschiedene Pilzarten. An Laubbäumen sehen wir Eichen, Birken, Buchen, viel Unterholz.

Das alles ist der richtige Biotop für den Schwarzspecht, der uns durch seinen langgezogenen, schwermütig wirkenden Ruf auf sich aufmerksam macht. Mitunter sieht man ihn auch fliegen, er fällt schon durch seine Größe auf. Das Männchen hat eine leuchtend rote Kopfplatte, das übrige Federkleid ist ganz schwarz. Das Weibchen hat einen kleinen roten Fleck am Hinterhaupt. Die Nahrung besteht aus Larven und Puppen, die er vom Boden aufnimmt oder aus Baumstämmen herauspickt. Mitte April bis Mai erfolgt die Brut, bei der sich beide Eltern abwechseln. Die Jungen sind nach ca. vier Wochen flügge.

Wir gehen bis zur Kreuzung und schwenken rechts ein, am Waldrand entlang.

Tannenmeisen fliegen von Ast zu Ast in den am Rande stehenden Kiefern und geben uns Gelegenheit, sie näher in Augenschein zu nehmen.

Im ersten Augenblick erinnert uns die Tannenmeise an eine Kohlmeise, aber nur durch die schwarze Kopfplatte. Sie hat im Gegensatz zu der sehr viel größeren Kohlmeise einen weißen Nackenfleck und keinen Bauchstreifen. Auch sie ist, wie der vorhin erwähnte Schwarzspecht, ein Standvogel. Im Winter ernährt sie sich von Nadelholzsamen.

Wir nehmen gleich den ersten, halbrechts in den Wald führenden Weg, der uns in einem Bogen auf einen Fahrweg bringt, der, von rechts kommend, uns wieder aus dem Wald herausführt. Wir gehen auf dem rechten, befahrenen Zweig seiner Gabel und wieder weiter am Waldrand entlang, bis wir an einen Weg kommen, der

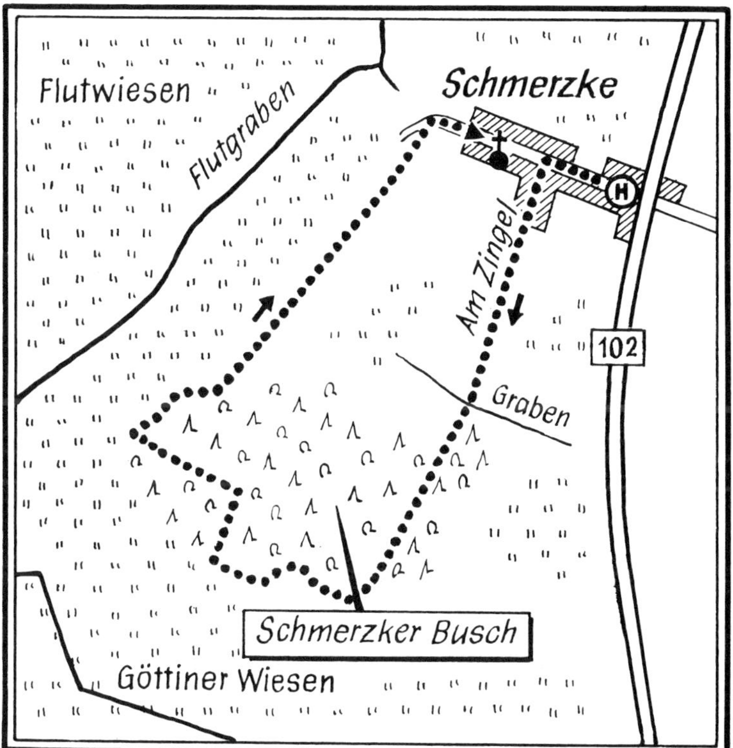
Flutwiesen
Flutgraben
Schmerzke
H
Am Zingel
102
Graben
Schmerzker Busch
Göttiner Wiesen

nach rechts abzweigt. An der Ecke liegt auch ein großer Stein.

Während wir am Waldrand entlanggingen, konnten wir mehrmals Spuren von Wildschwein und Reh deutlich im lockerem Sand erkennen, die die Tiere auf ihrem Wechsel Wald/Feld hinterließen. Die Trittsiegel des Wildschweins sind durch die Schalenspitzen und die Afterklauenabdrücke recht gut von der Fährte des Rehes zu unterscheiden.

Dem Weg, der an dem großen Stein rechts in den Wald geht, folgen wir, bis wir linkerhand zwischen buschigen Kiefern einen Weg bemerken und auf diesem weiterwandern.

Wir sollten hier sehr aufmerksam sein, am Boden wachsen verschiedene Pilze und Flechten. Einige der Flechten zeigen im Winterhalbjahr ihre besondere Schönheit: Sie haben rote Köpfchen. Das sind die an der Spitze von Strauchflechten befindlichen Fruchtkörper, Apothecien genannt. Unser Weg verliert sich fast, doch niedergetretenes Gras weist uns immer wieder weiter, bis wir auf einen schmalen, aber ausgefahrenen Pfad stoßen, der an einem Koppelzaun entlangläuft. Hier wenden wir uns nach rechts und folgen ihm, eine Kreuzung überquerend, weiter. Er macht einen Bogen nach rechts und bringt uns schließlich auf einen Fahrweg. Hier begeben wir uns nach links durch eine kleine Kiefernanpflanzung. Dieser Weg windet sich und überquert mehrere Kreuzungen, bis wir am Waldrand stehen und den Schmerzker Busch im Rücken haben. Auf dem letzten Stück konnten wir rechterhand reine Laubholzbestände bemerken, auch etwas wellig verlaufendes Terrain. Vor uns liegt Schmerzke. Wir gehen über den schwarzbodigen Fahrweg und zwischen Gehölzstreifen und Feld weiter, später nur noch auf einer grasbewach-

Im Höllenbusch (zu Seite 50)

senen Strecke zwischen offenem Gelände und kommen auf der Hauptstraße des Dorfes heraus. Nach rechts hin gelangen wir wieder zur Bushaltestelle.

Von Schmerzke nach Göttin

Nachfolgend für die winterliche Jahreszeit eine kurze Wanderung, die dicht vor der Haustür liegt und doch einmal etwas Anderes bietet als rund um den Gördensee oder zur Malge zu wandern. Man fährt mit dem Stadtbus Linie A bis Schmerzke und geht geradeaus durch das Dorf. Schmerzke war schon in der mittleren Steinzeit Siedlungsplatz, wie verschiedene Funde belegen; besonders dicht aber wurde das Gebiet in der mittleren und vor allem jüngeren Bronzezeit (1200 – 600 v. Chr.) besiedelt. Erstmals urkundlich erwähnt wurde der Ort 1284, obwohl er wahrscheinlich bereits 100 Jahre vorher entstand. Der Name ist eingedeutscht und könnte aus dem Slawischen für Fichte stehen. Früher lag nordwestlich des Dorfes der Schmerzker See (im Landbuch Kaiser Karls IV. von 1375 wird Schmerzke als Dorf mit See verzeichnet). Noch jetzt heißen die am Ende des Dorfes liegenden Gehöfte die Seehöfe.

Doch soweit wollen wir nicht gehen, wir biegen links in die Straße „Am Zingel" ein. Dies ist noch ein Teil des ehemaligen Weges nach Belzig. Nach wenigen Metern sehen wir rechts einen Weg, der uns hinter dem Dorf entlangführt und einen schönen Blick auf die Kirche gewährt. Der Turm ist ein neuzeitlicher Anbau von ca. 1870, das Langhaus aus regelmäßigem Granit und Klosterformatsteinen. Die Bauinschrift ist von 1714, der Kern möglicherweise mittelalterlich.

Dort, wo dieser Weg auf einen anderen, ebenfalls vom Dorf herkommenden, stößt, finden wir einen Wegweiser und das Markierungszeichen weiß mit grünem Balken. Demzufolge biegen wir nach links in südlicher Richtung ein und gehen den Weg bis zum Waldrand, überqueren einen Fahrweg und setzen unseren Weg fort, der sich verbreitert und ab und an in Windungen verläuft. Nach einer Schonung und einem Jungkiefernwald geraten wir an eine Gabel und verlassen hier den markierten Wanderweg, indem wir die rechte Abzweigung nehmen und dem hier verlaufenden Pfad in allen Krümmungen folgen.

Am Boden sehen wir – wenn nicht gerade Schnee liegt – ein niedriges, graugrünes Gewächs, das oft auch Rentiermoos genannt wird. Wir haben es hier aber nicht mit Moos zu tun, sondern mit Flechten, die unter den Pflanzen eine beachtenswerte Sonderstellung einnehmen. Im Schmerzker Busch, wie dieses Waldstück heißt, gibt es allein sechs verschiedene Arten.

Jede Flechte besteht aus zwei Lebewesen, einem Pilz und einer Alge, die eine eng aufeinander abgestimmte Lebensgemeinschaft bilden. Sie brauchen nährstoffarme Böden, wachsen sehr langsam, sind aber von großer Langlebigkeit. Flechten sind Bioindikatoren. Sie reagieren sehr empfindlich auf Luftveränderungen und werden als ideale „Dauermeßpunkte" benutzt. Das ist auch der Grund, warum ihnen seit einigen Jahren erhöhte Aufmerksamkeit geschenkt wird und alle Vorkommen kartiert werden.

Unser Pfad führt weiter, überquert einen Fahrweg, setzt sich fort an links stehenden Jungkiefern, rechts herum führend an einem Imkerstand vorbei. Er läuft auf

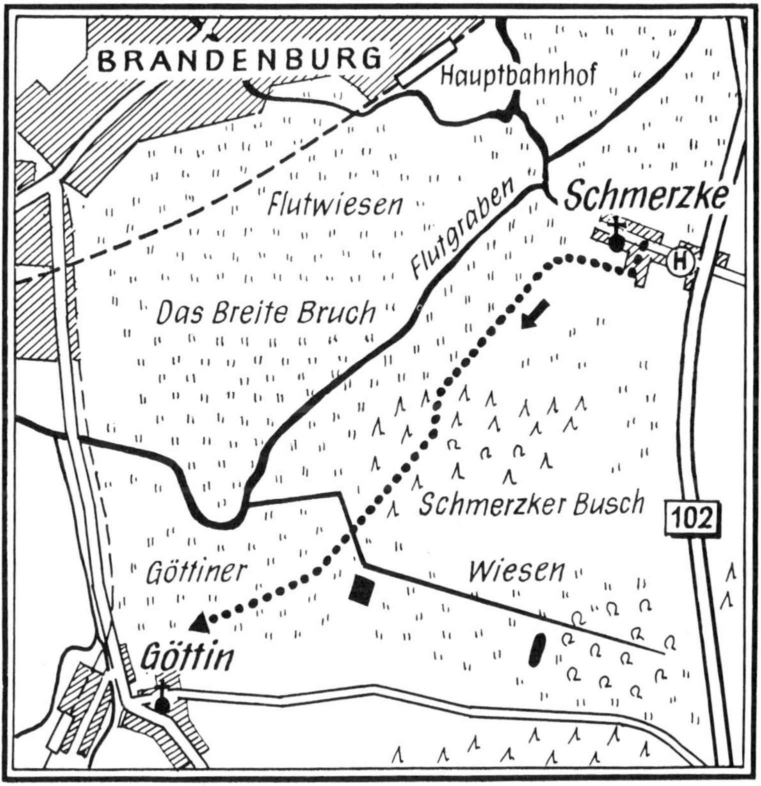
BRANDENBURG
Hauptbahnhof
Flutwiesen
Flutgraben
Schmerzke
H
Das Breite Bruch
Schmerzker Busch
102
Göttiner
Wiesen
Göttin

einem breiten Fahrweg aus. Während dieser sich nach links fortsetzt, gehen wir noch wenige Meter weiter geradeaus und biegen dann links in einen schwach erkennbaren, von lockerem Baumbestand gesäumten Weg ein und kommen auf freies Gelände mit Weideflächen.

Dort, wo ein Gehölzstreifen einen schmalen, wasserführenden Graben begrenzt, führt ein Weg rechterhand entlang, der uns durch einen Erlenbruch führt. Dieser Weg ist mit kleinen Steinen befestigt. Der Graben verbreitert sich, Riedgräser und Seggen an der Seite, und zu Füßen der hohen Erlen sehen wir Sumpffarn. Aus dem Bruchwald herausgetreten, geraten wir auf einen Feldweg, der uns auf die kürzeste Ortsverbindung zwischen Paterdamm und Göttin führt. Hier wenden wir uns nach rechts, sehen vor uns Göttin und rechts von uns das Breite Bruch und die Türme von Brandenburg. Im Mittelpunkt die Katharinenkirche, die wie eine fürsorgliche Glucke über den Hausdächern der Stadt thront.

1304 wurde Göttin erstmals erwähnt. 1745 ist in den Annalen eine Wassermühle mit zwei Gängen verzeichnet, wovon aber heute nichts mehr zu finden ist. Die Kirche steht unter Denkmalschutz, der Turm ist ein alter Findlingsbau von rechteckigem Grundriß mit kleinen, spätmittelalterlichen Fenstern, vor kurzem neu verputzt, sodaß von den Feldsteinen leider nicht mehr viel zu sehen ist. Das Schiff ist ein neuromanischer Backsteinbau von 1870. Von Göttin aus können wir mit der Stadtbuslinie D wieder zurückfahren. Wer mag, kann auch die Göttiner Landstraße entlanglaufen und kommt dann vor der Eisenbahnbrücke, die die Wilhelmsdorfer Straße überquert, heraus. Eine dritte Möglichkeit ist die Rückfahrt ab Göttin per Eisenbahn.

Von Paterdamm nach Göttin

Eine Waldwanderung, die sich besonders für den Winter anbietet wegen des Schutzes vor Wind und Frost, die aber natürlich auch zu anderen Zeiten und vornehmlich zur Pilzsuche ihre Reize hat, ist die Strecke von Paterdamm nach Göttin. Nach Paterdamm gelangt man mit dem Bus D 103 ab Trauerberg, es fährt aber nicht jeder Bus dieser Linie über Paterdamm.

Paterdamm wurde 1725 erstmals erwähnt und damals in zwei Worten geschrieben. Man erklärte sich den Namen mit der Ansicht, der Abt von Lehnin wäre über Paterdamm nach Brandenburg zu seinem Sitz in der Abtstraße gereist. Man kam später zu dem Schluß, daß er mit Sicherheit seinen Weg über die Rietzer Berge nahm; schon immer wählte man die kürzeste Strecke zwischen zwei Orten. Heute nimmt man an, daß Paterdamm sich aus dem Wort padde = Frosch herleitet, was durch die Feuchtwiesen ringsum auch durchaus erklärlich wäre. Im 19. Jahrhundert entstanden hier eine Siedlung und eine Ziegelei mit Ausbau. Heute finden wir dort einige Anwesen und Wochenendbungalows, die als Ortsteil zu Schmerzke zählen.

Nachdem wir den Bus verlassen haben, biegen wir unmittelbar hinter den Häusern rechts ein und befinden uns auch schon am Rand des Paterdammer Forstes. Dort, wo wir auch das Wanderzeichen weiß-gelb-weiß an einem Baum bemerken und sich ein breiter Waldweg öffnet, schwenken wir links ein und kommen bald an eine Gabelung. Wer die rechte Abzweigung einschlägt, kann nach den Markierungen wandern und ist binnen einer Stunde in Göttin. Dies ist der übliche, bekannte Weg.

Wir wollen heute einen anderen Weg gehen und wählen deshalb die linke Abzweigung, die mit einem leichten Anstieg verbunden ist, der den Paterdammer Berg kennzeichnet. Wieder gabelt sich der Weg. Hier schlagen wir abermals die linke Abzweigung ein. Um die Ortskenntnis zu erweitern, sei gesagt, daß die rechte Abzweigung zur Autobahnunterführung und letztlich nach Reckahn und auch nach Krahne führt. Wir haben uns also für links entschieden und gehen immer geradeaus. Zwischendurch hören wir vornehmlich Meisen im Kieferngeäst und Spechte. Das Gekicher, das wir vernehmen, gibt der Grünspecht von sich. Er ist in unseren Wäldern und auch in den städtischen Parkanlagen häufig zu finden und an eben diesem Ruf leicht zu erkennen, aber viel weniger als der bekannte Buntspecht zu beobachten. Der Grünspecht bevorzugt aufgelockerte Laub- und Mischwälder und parkähnliche Gehölze. Er nistet in Laubbäumen. Das Gelege besteht aus 5–7 Eiern. Der Grünspecht übrigens trommelt nicht, wie wir es von den anderen Spechten her gewöhnt sind. Wer aufmerksam beim Wandern auch die Umgebung beobachtet, wird bald die Spuren des Grünspechtes entdecken: Baumstümpfe, die zerhackt und zerfasert sind, auch Ameisenhaufen, die tiefe, kreisrunde Löcher aufweisen. Hier war der hübsche grüne Vogel, der eine bis in den Nacken reichende rote Kopfplatte hat, auf Nahrungssuche.

Wir erkennen bereits die Autobahn, wenn wir auf eine Kreuzung geraten und nach rechts einschwenken.

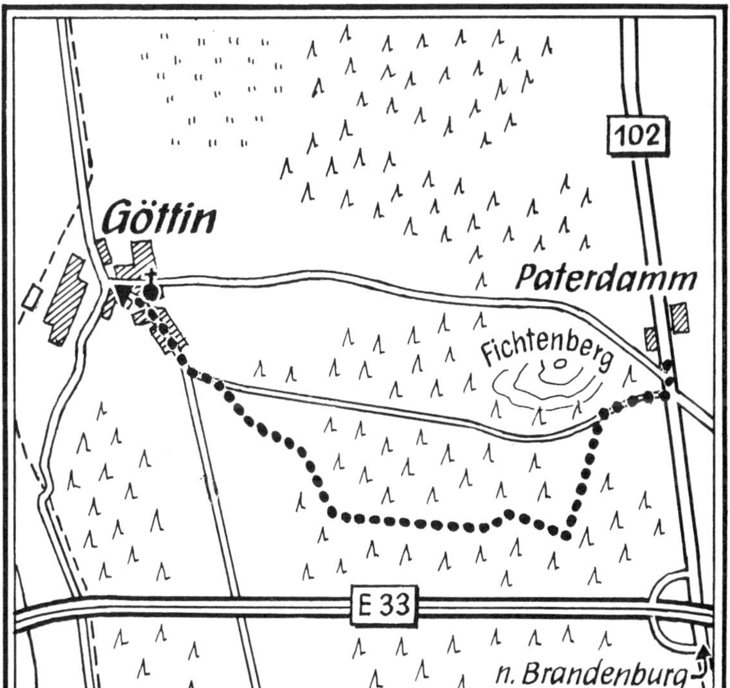
Göttin
Paterdamm
102
Fichtenberg
E 33
n. Brandenburg

Dieser Weg führt uns über mehrere Keuzungen hinweg immer geradeaus. Zur rechten Seite finden wir Reste einer ehemals eingegatterten Fläche mit Jungkiefern, die von Birken gesäumt wird. Der Weg mündet auf einen im rechten Winkel zu unserem verlaufenden Fahrweg. Wir wenden uns nach links und schlagen dann den ersten Weg ein, der sich nach rechts öffnet. Diesem folgen wir, bis wir nach einer leichten Rechtskrümmung an eine große Ackerfläche kommen.

Wir halten uns immer am Feldrand, zur Rechten den Wald, und bemerken, daß hier der Wald in etliche tiefe Schluchten zerteilt ist. Dies ist der Hetzgrund, der den Herren von Rochow für die Jagd auf Rot-, Reh- und Schwarzwild diente. Während unseres Weges können wir so recht dieses zerklüftete Waldstück einsehen.

Schließlich führt der Weg in einer Rechtskurve an einigen Anwesen vorbei auf den sogenannten Schwarzen Weg, der Göttin mit Reckahn verbindet. Selbstverständlich bewegen wir uns nach rechts auf das Dorf Göttin zu und können von hier aus wieder nach Brandenburg per Stadtbuslinie D oder Zug zurückkehren.

Von Paterdamm nach Krahne

Auch diese Wanderung, die insgesamt 6 km lang ist, ist zu jeder Jahreszeit von landschaftlichem Reiz, wenn man mit offenen Ohren und Augen durch die Natur geht. Wir benutzen die Überlandbuslinie D 103 ab Trauerberg und fahren bis Paterdamm. Nicht immer wird auf dieser Strecke Paterdamm angefahren, oft wird auch über Rietz gefahren, das muß berücksichtigt werden. Paterdamm wurde 1725 erstmals – in zwei Worten geschrieben – erwähnt. Der Name Pater = Vater, Pfarrer (katholisch) und Damm = Weg, befestigte Straße. Der mündlichen Überlieferung nach soll der Name daher kommen, daß der Abt des Klosters zu Lehnin über diese Straße seinen Weg nach Brandenburg nahm, um zu seinem Sitz in der Abtstraße zu kommen. Inzwischen ist man der Meinung, daß der Abt den viel kürzeren Weg über die Rietzer Berge nahm. In neuerer Zeit ist auch der Gedanke aufgetaucht, daß das Wort Pater eine Veränderung des Wortes patte oder auch padde ist (Frosch) und so die Entstehung des Namens beeinflußte, zumal wir unterhalb des Paterdammer Berges Feuchtgebiete finden.

Wir biegen gleich hinter den wenigen Anwesen rechts in den Weg ein und wählen nach wenigen Metern den links in den Paterdammer Forst führenden Weg. Der geradeaus verlaufende Weg bringt uns nach Göttin (siehe vorhergehende Wanderung) und ist 3 km lang. Bis zur ersten Gabelung gehen wir durch Mischwald. Wir nehmen den linken Zweig der Gabel und wandern weiter, bis der Weg sich abermals gabelt, und lenken jetzt rechts ein. Dieser Weg führt uns unter der Autobahn hindurch. Zur Herbstzeit werden wir viele Pilze im gesamten Paterdammer Forst vorfinden. In guten Pilzjahren konnten bis zu 35 Arten aufgelistet werden.

Mit zwei Vertretern dieser Waldfrüchte wollen wir uns gesondert befassen und vor ihnen warnen. Da ist einmal der Kahle Krempling, der noch immer von einigen Unbelehrbaren gesammelt wird. Hut, Stiel und Blätter sind ziemlich einheitlich bräunlichgelb gefärbt, junge Pilze haben einen eingerollten Rand (Krempe). Bei Druck verfärbt sich die entsprechende Stelle dunkelbraun. Der Pilz ist in alten Büchern als eßbar aufgeführt, hat aber in den letzten Jahren oft zu schweren Vergiftungserscheinungen geführt, von denen einige sogar einen tödlichen Ausgang nahmen. Neueste Untersuchungen haben ergeben, daß einer seiner gesundheitsschädigenden Inhaltsstoffe ein Allergen ist, das den Zerfall der roten Blutkörper veranlaßt.

Der zweite, hier häufig zu findende Pilz ist der tödlich giftige Knollenblätterpilz. Er wird sehr leicht mit dem grünen Täubling, aber auch dem Grünling verwechselt. Der Knollenblätterpilz hat einen seidig-glänzenden olivgelbgrünen bis weißen Hut, der ganz feine radiale Zeichnungen aufweist. Die Blätter sind weiß, ebenso der Stiel, der oft auch grünlich genattert ist und eine lappige Manschette im oberen Drittel trägt, die sich beim Anfassen schnell löst und vom Sammler nicht bemerkt wird. Das wichtigste Merkmal ist der knollig verdickte Stiel, der in einer Haupttasche (Scheide) steckt. Knolle und Haupttasche sind sehr oft im Humusboden

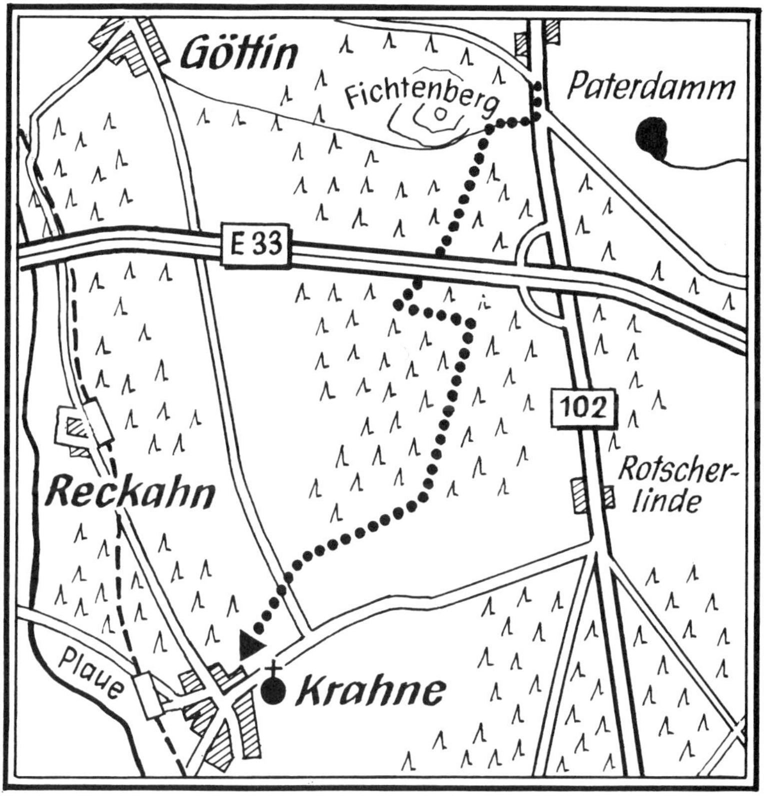

Göttin
Fichtenberg
Paterdamm
E 33
102
Rotscher-
linde
Reckahn
Plaue
Krahne

oder unter Blättern verborgen. Deshalb sollte man beim Sammeln von Blätterpilzen jeden mit dem Stielende vermittels eines Messers aus dem Boden herausheben. Die Vergiftungserscheinungen durch den Grünen Knollenblätterpilz treten erst nach 12–48 Stunden auf, wenn das Gift bereits soweit in die Organzellen eingedrungen ist, daß eine Rettung kaum mehr möglich ist.

Hinter der Autobahnunterführung biegen wir in den ersten danach kommenden linken Weg ein und gehen weiter bis zur Kreuzung. Hier schlagen wir rechts ein. Der Weg zieht sich bis an den Waldrand ziemlich lang hin, bietet aber recht abwechslungsreichen Waldbewuchs. So bemerken wir an einer Stelle, daß die Kiefernanpflanzung von Besenginster gesäumt wird. Gerade im Mai erfreut er das Auge durch seine leuchtend gelben Schmetterlingsblüten. Aus seinen Zweigen wurden früher Besen gebunden, was ihm diesen Namen eintrug, zum Unterschied noch etlicher anderer, auch bei uns wachsender Arten. In strengen Wintern friert er oft sehr zurück, erholt sich aber schnell. Die goldgelben Blüten bilden traubige Blütenstände und später dunkle Hülsenfrüchte, die im August/September knallend platzen und kleine schwarzbraune Samen verstreuen. Der Besenginster wurde früher auch als Heilpflanze zur Anregung des Herzens und als harntreibendes Mittel verwendet. Besenginster ist wie viele als Heilkräuter in der Volksmedizin verwendete Pflanzen giftig und daher nicht zu empfehlen.

Immerzu hörten wir auf unserer Wanderung ein zartes Vogelgesissel. Bei aufmerksamer Beobachtung finden wir schnell heraus, daß sich in den Zweigen der kleinste unserer Singvögel tummelt: das Wintergoldhähnchen. Es ist nur 5 g schwer, oberseits olivgrün, unterseits hell, der Flügel mit zwei hellen Binden versehen. Die Scheitel-

Am Waldrand bei Krahne

mitte ist beim Männchen orangefarben, beim Weibchen hellgelb.

Nachdem wir eine längere Zeit den zierlichen Vogel beobachtet haben, auch zwischendurch einen Buntspecht hörten, verschiedene Meisen registrierten, im Sommer Grasmücken, Fitis und Baumpieper, gehen wir weiter geradeaus, bis wir endlich das Ende des Waldes erreichen. Der Weg geht rechts herum am Waldrand entlang, an dem wir verschiedene Steinlesehaufen finden. Später macht der Weg eine Linkskurve auf das Dorf Krahne zu, das wir an seinem östlichen Ausgang erreichen.

Krahne wurde 1230 in einer Urkunde, in der Albertus plebanus de Korane als Zeuge aufgeführt wird, erwähnt. Erst 1669 erhielt der Ort den Namen Krahne. Dessen Bedeutung erklärt sich höchstwahrscheinlich aus dem urslawischen kora = Rinde, Kruste. Von 1351–1872 gehörte das Dorf zu dem Besitz derer von Rochow. In der Mitte des Ortes finden wir die Kirche, 1904 im neubarocken Stiel errichtet, die einen architektonisch sehr gelungenen Eindruck macht.

Von Krahne fahren wir dann mit dem Zug wieder nach Brandenburg zurück. Um zum Bahnhof zu gelangen, gehen wir auf dem breiten Anger bis zur Kreuzung, wenige Meter nach rechts in Richtung der Straße nach Reckahn und gleich wieder links auf einer mit Kopfsteinen gepflasterten Straße entlang bis zum Bahnhof.

Ringwanderung Golzow - Höllenbusch - Hammerdamm - Golzow

Diese Wanderung bietet einiges Sehenswerte, ist aber nicht allzu lang (5 km). Wer nicht auf den Zug angewiesen ist, kann auch mit dem Pkw zum Ausgangsort fahren, müßte sich allerdings dann zur Wolliner Straße durchfragen, um auf die nachfolgend beschriebene Route zu treffen. Ansonsten fährt man mit der Eisenbahn bis Golzow/Landkreis und wendet sich, wenn man vor dem Bahnhofsgebäude angelangt ist, nach links und geht bis zur Straßenkreuzung. Hier biegen wir links in die Wolliner Straße ein. Um aber nicht den nächsten, zum Höllenbusch führenden Weg zu verfehlen, sollte man sich rechts halten. Hier geht rechts der nur anfangs kopfsteingepflasterte Weg zwischen den Häusern ab, später ist er grasbewachsen. Er macht einen starken Bogen, geht durch freies Gelände und führt zu einer Brücke.

Da, wo wir die Wolliner Straße verlassen haben, konnte man auf der linken Seite am Zaun des am Wege stehenden Hauses ein ziemlich verwittertes Holzschild mit einem Blatt darauf bemerken. Unter dem Blatt zeigte ein Pfeil in eben die Richtung, die wir einschlugen. Wir werden solchen Schildern noch öfter begegnen, sie kennzeichnen einen ca. 1972 vom Kreisnaturschutzbeauftragten Erich Insel angelegten Wanderpfad.

Wir überqueren die Brücke und biegen sofort links

ein, sodaß wir uns auf dem Pfad rechts vom Frei- oder Schleusengraben befinden. Während wir uns auf diesem Weg am Wasser entlang halten, sehen wir vor uns bereits den Höllenbusch.

Der Laubfärbung wegen ist diese Wanderung besonders zur Herbstzeit zu empfehlen.

Vorrangig bemerken wir Laubhölzer, am Ufer und auch später im Höllenbusch. Bergahorn, Feldahorn, Stieleichen, Ulmen (Baum des Jahres 1992), Haselnuß, dazwischen Fichten und Traubenkirschen als Unterholz. Berg- und Feldahorn lassen sich bei näherer Betrachtung leicht unterscheiden. Der Feldahorn ist schon vom Wuchs kleiner, er wird mit 15 m Höhe nur halb so groß wie der Bergahorn, und auch seine Blätter, die meist drei bis fünf ihrerseits dreilappig unterteilte Lappen haben, sind wesentlich kleiner. Man findet diese Baumart recht selten in Laub- und Mischwäldern, öfter schon mal als Hecke.

Auch die Ulme fällt auf: Die Blätter haben einen asymmetrischen Grund. Die Ulme kann bis zu 500 Jahre alt werden. Leider ist sie durch eine Krankheit, die der Ulmensplintkäfer überträgt, sehr zurückgegangen.

Einige Bäume tragen Schilder und machen dadurch auf sich aufmerksam, eine große Stieleiche und eine gut gewachsene dicke Kiefer.

Nach dem Verlassen des Höllenbusches haben wir rechterhand wieder freies Gelände, linkerhand begleitet uns noch immer das Fließ. Über uns mauzt ein Rauhfußbussard. Er ist im Fluge vom Mäusebussard an seiner hellen Flügelunterseite mit dem scharf umgrenzten dunklem Fleck in der Nähe des Bugs zu unterscheiden. Seine Flügel sind auch länger. Er rüttelt oft, wie wir es vom Turmfalken gewöhnt sind. Seinen Namen bekam er, weil seine Beine bis zu den Füßen hinunter befiedert

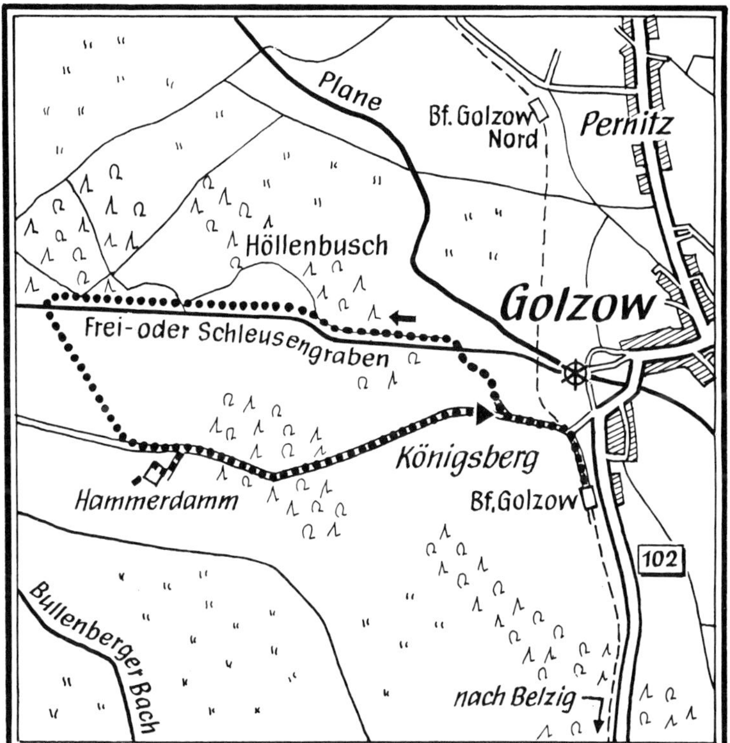
Plane
Bf. Golzow Nord
Pernitz
Höllenbusch
Golzow
Frei-oder Schleusengraben
Königsberg
Hammerdamm
Bf. Golzow
102
Bullenberger Bach
nach Belzig

sind. Er ist bei uns nur Wintergast und zieht Anfang April wieder in die Tundra, wo er den Sommer über lebt und seine Brutgebiete hat. Er baut Fels-, Baum- und Bodenhorste.

Der Frei- oder Schleusengraben ist hier an der uns zugewandten Seite mit jungen Schwarzerlen bestanden. Auch auf der anderen Seite wachsen Schwarzerlen, aber größere. Solche Gehölzpflanzungen an Wasserläufen (meistens Schwarzerle) bieten Erosionsschutz und dämmen durch die natürliche Verschattung die Verkrautung des Gewässers ein. Gleichzeitig erhalten Tiere mehr Schutz und Deckungsmöglichkeiten, und nicht zuletzt wollen wir die ästhetische Funktion durch baumbestandene Ufer erwähnen. Überdies wird die Gewässersohle durch die Bewurzelung befestigt.

Erneut nimmt uns ein lockeres Wäldchen auf, Kiefern, Birken, eine Fichtenschonung. Links grüßen die Gebäude von Hammerdamm herüber.

Auf der gesamten Strecke weist das Gebiet etliche Pilzbestände auf, vor allem Steinpilze, Parasol- oder Schirmpilze, Schopftintlinge und Täublinge. Doch sollte sich das Auge des Wanderers mehr dem schönen Baumbestand zuwenden und der Herbstfärbung.

Bald gelangen wir an eine geländerlose Brücke mit Holzbelag, die über den Freigraben führt. Hier gehen wir hinüber und weiter längs der Baumreihe aus alten Stieleichen, die von Schwarzkiefern durchsetzt ist. Die großen Bäume sehen recht zerzaust und knorrig aus. Die Nadeln der Schwarzkiefer werden bis zu 15 cm lang. Die Zapfen erreichen eine Länge von 7 cm und sind sehr kurz gestielt. Sie reifen im Oktober des zweiten Jahres. Manche Äste hängen voller solcher Zapfen. Auch Schwarzkiefern sind bei uns nicht eben häufig.

Am Ende der Baumreihe liegt ein großer, flechtenbewachsener Steinklumpen. Er ist großporig und wirkt teilweise wie rostig. Und das ist er in der Tat, denn wir haben es hier mit Raseneisenstein zu tun.

Raseneisenstein ist eine mineralische Ausfällung von braunem Eisenhydroxyd, das mit Ton vermengt ist. Es entsteht unter Mitwirkung von Eisen- oder Manganbakterien vorwiegend in nassen Wiesen. Hieraus gewannen die Slawen mühevoll durch mehrmaliges Schmelzen in Erdöfen erstes Erz zur Herstellung von eisernen Handwerkszeugen und Waffen. Vermittels Niederschachtöfen wurde auch in der DDR Raseneisenerz verhüttet.

Inzwischen sind wir auf eine Asphaltstraße gestoßen und begeben uns auf dieser nach links. Diese Straße verbindet Golzow mit Lucksfleiß, das weiter westlich liegt, und führt schließlich nach Wollin. Sie ist die Fortsetzung der Wolliner Straße, auf der wir unsere Wanderung begannen.

Schon sehen wir die Häuser von Hammerdamm und überqueren die Fahrbahn, um zu dem kleinen Wohnplatz zu gelangen. Hammerdamm ist eine denkmalgeschützte Besonderheit, die wir wohl kaum ein zweites Mal finden werden. Das Vorwerk wurde Ende des 17. oder zu Beginn des 18. Jh. errichtet. Man benannte es nach einem Flurnamen, der mittelhochdeutsch hamer = Eisenwerk, Eisenhammer und dam = Dammweg, Knüppeldamm, auch Straße, die keine Chaussee ist, bedeutet. In der Niederung von Golzow gab es viele Lager von Raseneisenstein. Der Name Hammerdamm deutet also auf die Verarbeitung von Raseneinsenstein hin.

Uns fallen sofort die Häuser auf, die nicht aus Ziegeln, sondern aus einem schwarzen, großformatigen Stein mit roten Ziegeln zusammen aufgeführt sind. Wohngebäude wie Stallungen sind aus Raseneisenstein gebaut! Leider ist das Ziegeldach des einen Langhauses durch Wellblech ersetzt worden und dadurch der gesamte Bau sehr beeinträchtigt. Man fragt sich, wer zu solchen Veränderungen an denkmalgeschützten Gebäuden die Zustimmung gibt. Nachdem wir uns hier umgesehen haben, gehen wir zurück zur Landstraße und gelangen an Schlehen- und Bocksdornhecken entlang wieder an den Ausgangspunkt zurück. Wer nicht gleich wieder den Zug besteigen will, sollte sich in Golzow noch etwas umsehen. Es gibt auf der Kreuzung folgende Möglichkeiten: Nach rechts geht es zum Bahnhof. Geradeaus bringt uns die Belziger Straße an der alten Schnapsbrennerei (Ziegelfachwerkhaus) vorbei und die Plane überquerend rechts in die Hauptstraße zur Kirche des Ortes. Wer links in den Mühlendamm einbiegt, wird an einen breiten Wassergraben kommen, hinter dem früher eine Burganlage bzw. später ein Schloß zu finden war. Hier wurden auch frühdeutsche Funde geborgen. Von diesem, am westlichen Ende des Dorfes gelegenen Ort können wir, uns rechts haltend, ebenfalls bald die Hauptstraße, die Kirche und auch Einkehrmöglichkeiten erreichen. Wer unterwegs auf die Häuser schaut, wird ab und an auch hier Raseneisenstein als verarbeitetes Baumaterial finden.

Die schon erwähnte Burg wurde von den Slawen als Wasserburg errichtet, 1145 an Henning von Rochow als Lehen vergeben und später ausgebaut. Golzow selbst, 1219 erstmals erwähnt, gehörte von 1329–1935 der Familie von Rochow – übrigens eine andere Linie als die Rochows von Reckahn, aber miteinander verwandt – und von 1351–1872 auch wieder. Dazwischen übte der Markgraf dort die Herrschaft aus. Schon 1335 wird Golzow als Stedeken mit Zoll und 1344 die Burg als Schloß (castrum) aufgeführt. Am Kellerberg bei Golzow finden wir auch noch alte Grenzsteine zu Sachsen.

Scheune in Hammerdamm aus Raseneisenstein

Bis 1715 wird der Ort Städtchen genannt, danach nicht mehr, da unter der Regierung Friedrichs I. aus Sparsamkeitsgründen eine Verwaltungsreform erfolgte. 1931 werden die Wohnplätze Hammerdamm und Müggenburg zu Golzow geschlagen, 1957 werden Pernitz und 1961 auch Grüneiche und Lucksfleiß eingemeindet.

Der Name Golzow beruht auf einem Personennamen.

Auf jeden Fall sollte man die Kirche aufsuchen. Wie eine Tafel über dem Haupteingang kundtut, wurde der Bau 1750 errichtet. Es ist ein achteckiger Putzbau mit einer Laterne, ein sogenannter Berliner Typ, von dem es nur noch wenige gibt. Im Innern befindet sich eine Gruft der Familie von Rochow, und deshalb wurde der Hügel, auf dem die Kirche steht, künstlich aufgeschüttet. Die Gebäudeecken sind durch breite Pilaster betont. In der Kirche selbst sind Gemälde von Mitgliedern der Familie v. Rochow zu betrachten, auch eine sehr schöne Patronatsloge.

Der gesamte Bau wurde vor einigen Jahren mit Hilfe von Mitteln der Denkmalpflege restauriert und die verbuschten sternförmig angelegten Zugänge durch Kirche und Gemeinde wieder begehbar hergerichtet.

Ringwanderung Lehnin – Emstal – Lehnin

(11 km)

Wir fahren mit dem Bus D 103 ab Trauerberg in Brandenburg bis Lehnin, Endhaltestelle Busbahnhof. Es wäre gut, ein Fernglas und etwas Proviant mitzunehmen, damit wir uns unterwegs Zeit lassen können für Beobachtungen. Nach Überqueren des Busplatzes stoßen wir auf die ihn begrenzende Goethestraße und biegen links in diese ein, an wenigen Häusern vorbei und wenden uns gleich wieder rechts in die Gartenstraße, die am Heizwerk vorbei führt und in die Straße nach Emstal übergeht. Auf dieser Chaussee bleiben wir nur ca. 50 m und wählen dann den an Häusern vorbeiführenden linken Fahrweg. Wir folgen diesem Weg bis an den Wald vor uns, wenden uns nach links und gehen dann gleich rechts den ersten Weg weiter.

Schon bis hierher ist es wahrscheinlich, Mäusebussarde und Fischreiher im hohen Blau des Himmels zu entdecken, von den üblichen Waldvögeln ganz abgesehen.

Das nachfolgende Waldgebiet bis Emstal ist abwechslungsreich von Fichten, Lärchen, Buchen und Kiefern bestanden. Nach wenigen Metern gabelt sich der Weg, wir nehmen den rechten Zweig, folgen dessen Verlauf, bis er an die Chaussee stößt und gleich wieder links in den Wald weiterführt, der später linkerhand von einem Fließgewässer, der Schwarzen Emster, begleitet wird.

Die Brücke, die darüberführt, bleibt links liegen. Wir gehen rechts den bisherigen Weg weiter und kommen abermals an die Chaussee, der wir jetzt nach links bis in den Ort Emstal hinein folgen.

Wir gehen durch den gepflegten Ort geradeaus bis zum Dorfplatz. Emstal hieß bis 1937 Schwina (der Name kam von Schwein) und erhielt seinen Namen von der Emster, der wir ja schon begegneten. Eigentlich müßte es demnach Emstertal heißen, der besseren Aussprache wegen aber wurde die Form Emstal gewählt. Der Name des Flüßchens Emster ist vom niederländischen Flußnamen Amstel übertragen. Solche Namensübertragungen von niederländischen Siedlern haben wir schon öfter in unserem Kreis angetroffen.

Der Ort wurde 1193 das erste mal urkundlich erwähnt, gehörte bis 1542 zum Kloster Lehnin, dann bis 1872 zum Amt Lehnin. Durch den dreißigjährigen Krieg hatte der Ort sehr gelitten, 1902 wurden nur noch 5 Kossäten, von denen noch einer der Schulze war, gezählt. Inzwischen sind hier viele neue Häuser und Eigenheime entstanden, das Dorf ist schöner und größer geworden. Die Kirche, die uns beim Ortseingang auf ihrem erhöhten Standort sofort auffiel, ist übrigens ein neuromanischer Backsteinbau von 1889. Auf dem Dorfplatz bemerken wir hinten rechts einen Storchenhorst auf einem eigens dafür aufgestellten Mast. Der Storch siedelte vorher auf einem Leitungsmast und wurde umquartiert. Wie wir feststellen können, nahm er die neue Möglichkeit an, was aber durchaus nicht immer und überall der Fall ist.

Und noch etwas bemerken wir in dieser Richtung: alte Backöfen. Sie blieben bis in unsere Zeit erhalten und wurden mit viel Initiative Emstaler Bürger instand gesetzt. Zuerst nur einer, und man rief ein „Backofenfest“

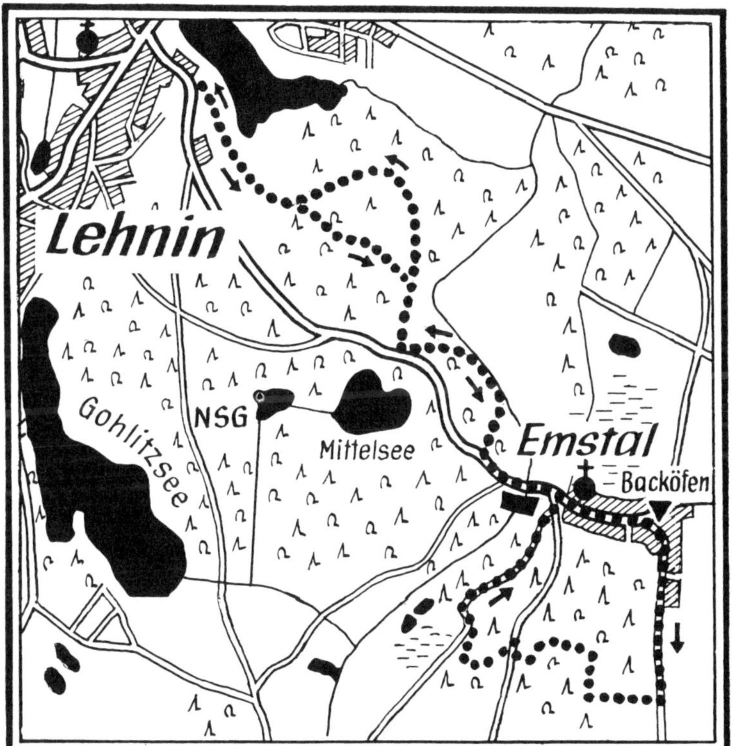
Lehnin
Gohlitzsee
NSG
Mittelsee
Emstal
Backöfen

aus. Schnell wurde das Emstaler Kugelbrot weithin bekannt, und der eine Ofen konnte den Bedarf nicht decken. Das jährliche Backofenfest ruft ein großes Menschengewimmel auf den Plan, und es blieb auch nicht nur beim Brotbacken.

Wir wandern weiter und biegen rechts in die Brücker Straße ein, die zum Ort hinausführt. Unser Blick kann frei umherschweifen. Wieder sehen wir Bussarde, vielleicht auch den majestätisch segelnden Rotmilan, wir hören Kolkraben, die vorüberfliegen, auch den Storch, vielleicht sogar mit Beute. Hinter den Betonwänden des rechts am Weg liegenden Futterbunkers sehen wir ebenso rechts einen Weg abgehen, den wir benutzen. Links liegt ein kleines Sumpfgebiet, das Stockenten, Bleßhühner und verschiedene andere Vögel beherbergt, je nach Beobachtungsmöglichkeiten. Vor dem Wald rechts ab und bis auf die Kuppe des Hügels, wo uns ein Weg durch dieses kleine Waldstück an ein Feld leitet. Wir gehen am Feldrand entlang und umrunden es an nicht ganz drei Seiten, bis sich vor uns halblinks ein Waldweg auftut. In diesen biegen wir ein und machen gleich danach eine Spitzkehre und gehen links durch den Wald abwärts zu einer Sumpfniederung. An dieser Sumpfniederung kann man gut rasten und sich bei längerem Stillverhalten vieler Vogelbeobachtungen erfreuen. Schwach erkennbar führt hier ein Weg entlang, der das letzte Stück an einem Rinnsal oder Graben, je nach Jahreszeit verläuft und auf einen Fahrweg führt. Wir biegen links ein, haben linkerhand die Sumpfniederung und rechterhand Kiefernwald. In ersterer brüten auch Graugänse, wir sollten unser Verhalten danach einrichten, wenn es gerade Frühjahr ist.

Wir bleiben auf dem Fahrweg und achten auf den Waldrand. Den ersten Waldweg rechts müssen wir nehmen und folgen ihm über eine Kreuzung hinweg bis zum Ende; er trifft auf einen anderen Waldweg, den wir rechts einschlagen und einer nach links gehenden Krümmung einen Hang hinunter folgen. Nun stehen wir auf einem Fahrweg breiteren Ausmaßes und kommen auf diesem bis Emstal, indem wir rechts einbiegen.

Er führt an einem größeren Gewässer entlang, das erst in letzter Zeit durch Torfgewinnung entstanden ist. Inseln für die Vogelwelt wurden dadurch angelegt, eine Badestelle und auch für die Fische wurde gesorgt. Noch aber ist das Gelände nicht fertig gestaltet.

Wieder an der Chaussee angelangt, wenden wir uns nach links, bleiben auch auf der linken Seite, bis der Weg auf der gegenüberliegenden Seite sichtbar wird, auf dem wir vorher nach Emstal kamen, und gehen ihn an der kleinen Emsterbrücke, die jetzt rechts liegenbleibt, zurück, bis wir wieder fast an die Chaussee kommen. Ohne sie zu betreten, wenden wir uns nach rechts und haben zur rechten Seite einen sehr schönen Lärchenbestand. Der Name Lärche ist eine Entlehnung aus dem Lateinischen. Larix soll mit dem Lateinischen Wort lardum = Speck zusammenhängen, wobei man unter Fett das Harz des Baumes versteht. Die Lärche ist ein sommergrüner Baum, die Nadeln nehmen im Herbst eine leuchtend gelbe Färbung an und fallen dann ab und wachsen im Frühjahr wieder neu.

Wir folgen der Wegführung links weiter bis dorthin, wo sich eine Gabel auftut. Jetzt benutzen wir den rechts verlaufenden Weg und finden hier eine typisch märkische Bruchlandschaft vor, links wachsen Buchen und Eichen, rechts Erlen. Die herausragenden Bülten zeigen uns, wie hoch das Wasser hier früher stand. Auch die guten Bestände des Sumpffarns zeugen davon. Buntspechte sind wahrzunehmen, auch Singdrosseln, Kleiber, Garten- und Mönchsgrasmücke, verschiedene Meisen und Finken. Den eingeschlagenen Weg gehen wir immer weiter und kommen abermals an eine Weggabelung, deren rechte Abzweigung sich schwach abzeichnet. Wir halten uns links und erfreuen uns an den zu beiden Seiten eingestreuten Wasserflächen. Der Verlauf der Strecke ist ziemlich gradlinig, ab und an eine leichte Krümmung, links und rechts Abzweigungen beachten wir nicht. Letztlich mündet unser Weg wieder auf den breiten Fahrweg, auf dem wir kamen. Nach wenigen Metern biegen wir rechts ab in Richtung Lehnin zum Ausgangspunkt zurück.

Auf der gesamten Wanderstrecke werden wir auch eine vielfältige Pilzflora vorfinden und bestimmt eine Mahlzeit ernten. Wer sich mit Pilzen nicht ganz sicher auskennt, sollte auf jeden Fall vor dem Verzehr eine Pilzberatungsstelle aufsuchen.

Von Treschwitz nach Nahmitz

Eine weitere, vor allem im Frühjahr geeignete Wanderung ist die von Trechwitz nach Nahmitz (7 km), zu der wir auch wieder Zeit und ein Fernglas mitbringen sollten. Um aber nicht ständig bei evtl. Beobachtungen stehen zu müssen, legen wir etliche Zeitungen in eine Plastiktüte und nehmen diese als Isolierkissen mit, sodaß wir uns auch für einige Zeit an geschützten Plätzen niederlassen können.

Der Bus D 104 ab Trauerberg bringt uns nach Trechwitz. Der Ort, 1186 erstmalig erwähnt, befand sich ursprünglich weiter westlich, heute noch altes Dorf genannt, und wurde durch die Quitzows 1408 zerstört.

Wir gehen entgegengesetzt der Fahrtrichtung des Busses geradeaus und schwenken in die sich nach links öffnende Betonstraße ein. Schon hier können wir links und rechts der Straße allerhand junges Grün hervorschießen sehen, das früher als Unkraut bezeichnet wurde und doch für einige Insekten den versiegelten Boden unter unseren Füßen und die Monokulturen der Felder ausgleicht.

Wir biegen vor der Bungalowsiedlung nach rechts in den schwarzen Weg ein und sehen auch schon den Netzener See durch die Bäume schimmern. Das Gewässer wird uns noch einige Zeit begleiten. Wir folgen diesem

Weg in allen Krümmungen durch die Niederung, bis wir an die Brücke kommen, die den Emster Kanal überquert. Der Weg zieht sich hin, – aber immer wieder erfreuen wir uns an dem Blick über die freie Landschaft im Vorfrühlingskleid.

Natürlich bemerken wir zuerst die Graugänse. Sie sind in diesem Gebiet, das sich nach rechts bis an den Rietzer See fortsetzt, heimisch und brüten überall im Schilf. Übrigens werden die Brutpaare und auch die Anzahl der Jungen jährlich von Ornithologen erfaßt und die Ergebnisse an die Wasservogelzentrale in Potsdam weitergegeben. Außerdem halten sich größere Nichtbrütertrupps auf dem Grünland auf, die aber späterhin weiter entfernt liegende Mauserplätze aufsuchen.

Erlen, einzeln stehende Bäume und Buschwerk lockern die Ebene auf. Das gesamte Gebiet ist recht sumpfig und daher für Limicolen (Watvögel) besonders geeignet. Kiebitze, Uferschnepfen, Bekassine und Brachvögel kann man hier vom Weg aus gut beobachten.

Die Bekassine ist ein etwa drosselgroßer Vogel mit einem 6 cm langen Schnabel. Sie hat auch noch einen anderen Namen: Himmelsziege. Dieser wurde davon abgeleitet, daß das Männchen beim Balzflug „meckert". Das "Meckern" entsteht dadurch, daß die Luft durch die beim Absturz breit gefächerten Schwanzfedern vibriert. Den Kiebitz kennen wir alle, er fällt durch die schwarzweiße Zeichnung und den gaukelnden Flug wie auch durch seinen unverkennbaren Ruf gleich auf und nicht zuletzt auch durch seinen Schopf. Die Flügeloberseite hat einen metallisch schwarzgrünen Schimmer, wenn man ihn durchs Glas betrachtet.

Auch der Brachvogel hat hier sein Revier. Er hat einen sehr langen abwärts gebogenen Schnabel, ein braungeflecktes Kleid und wird bis zu 63 cm groß. Eigen ist allen

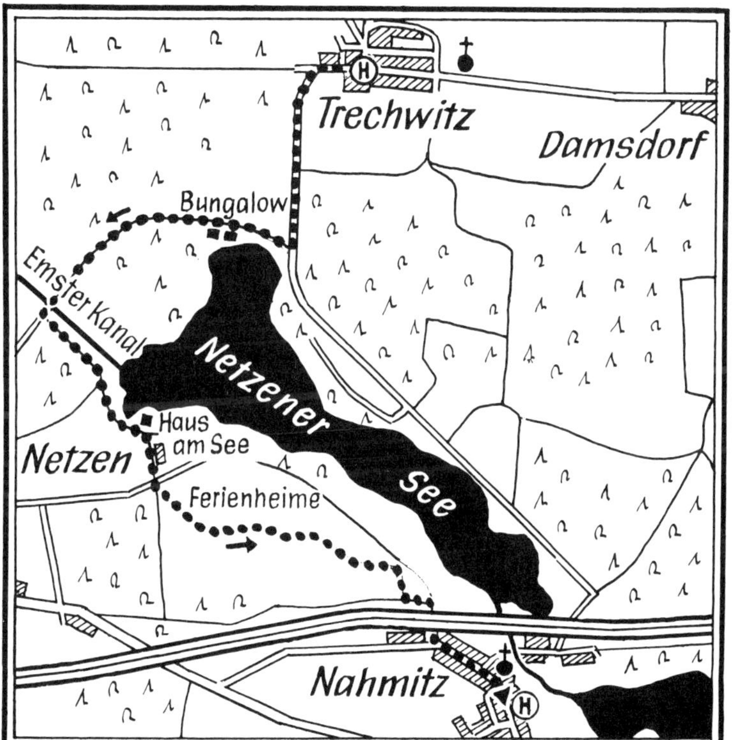
Trechwitz
Damsdorf
Bungalow
Emster Kanal
Netzener See
Haus am See
Netzen
Ferienheime
Nahmitz

Limicolen, daß sie in einer Bodenmulde vier Eier ablegen, die stets mit den Spitzen nach innen zeigen.

Über uns kreist der Mäusebussard, dem die offene Landschaft ebenfalls sehr zusagt. Sein Hauptbeutetier ist die Feldmaus, aber auch Kleinsäuger, Reptilien, Amphibien, Großinsekten, Jungvögel und Aas gehören zu seiner Speisekarte.

Die Brutdauer beträgt fünf bis sechs Wochen, die Nestlingszeit bis zu sieben Wochen. Sein Aussehen variiert von einem hellen cremefarbenen bis zum dunkelbraunen Federkleid. Er ist unser häufigster Greifvogel.

Ab April kann man mitunter auch den Weißstorch bei der Jagd beobachten. Auch der Weißstorchbestand wird jährlich ermittelt durch Mitglieder der Fachgruppe Ornithologie, die dem Naturschutzbund Deutschlands angeschlossen ist.

Im vorgeschrittenen Frühling sehen wir typische Bodenflora, die Sumpfdotterblume, die wohl ein jeder kennt, auch das Wiesenschaumkraut. Daneben stehen Löwenzahn und Sauerampfer, die beide mit jungen Schafgarbenblättern zum Frühlingssalat gehören oder mit Gänseblümchen die Suppe bereichern und frische Vitamine enthalten. Von der Brücke bietet sich nach beiden Seiten der Blick auf den von Erlen gesäumten Kanalverlauf.

Gleich hinter der Brücke erkennen wir nach links einen Pfad, der bis zum Netzener See immer am Kanal entlang führt. Diesen nehmen wir. Der breite Fahrweg, der geradeaus führt, geht nach Netzen.

Kurz vor der Einmündung des Fließes in den See zeichnet sich rechts ein Weg ab, dem wir bis zum Waldrand folgen.

Netzen, den Ort, den wir voraus rechterhand die ganze Zeit sehen, wurde 1190 erstmals erwähnt. Für 1687 sagt die Chronik aus, daß je ¾ Hufe der Dreihüfner ausfallen, da bewachsen und untüchtig und ein Erdhufe wüst ist; auch von den Zweihüfnern fällt je die Hälfte Land aus. 1773 wurden 199 Menschen gezählt. Die Kirche ist ein spätgotischer, rechteckiger Backsteinbau.

Das nur für die, die sich entscheiden, nicht mehr bis Nahmitz zu laufen.

Vor dem Waldrand gehen wir links weiter und halten uns immer so, daß der Kiefernbestand zu unserer Rechten bleibt. Wir kommen an einem Ferienlager vorbei und treffen auf eine Straße. Nach links geht es zum Haus am See (Gaststätte), wir wenden uns nach rechts und wandern bis zur Kreuzung. Uns gegenüber sehen wir zwei Waldwege, wir wählen den linken, schmaleren und kommen wieder über eine Kreuzung, gleich danach an eine Gabel, von der wir den linken Zweig betreten. Und wieder gabelt sich der Weg; rechts sehen wir schon die Autobahn, und deshalb halten wir uns abermals links und kommen an offenes Gelände. Zuerst ist rechterhand noch Waldbestand, dann öffnet sich ein Feld, und wir wandern am Rand des zur Linken befindlichen Baumbestandes, rechts neben uns das Feld und stoßen auf einen Fahrweg, der uns dann in einer Linkskurve parallel zur Autobahn durch die Unterführung nach Nahmitz bringt. Wir biegen nach links in den Ort ein zur Bushaltestelle der Linie D 103.

Nahmitz, 1193 erstmalig als Navmiz erwähnt, 1201 Naumiz geheißen, scheint urslawisch von novom = neu abgeleitet zu sein. Bis 1542 gehörte es dem Kloster Lehnin, danach dem Amt Lehnin. Schon 1193 wurde eine Mühle genannt. 1541 war vieles Land wüst. 1580 berichtet die Chronik: der Hirte hat gar wenig Vieh und ist ein armer Mann. 1801 sind 14 Schiffer vermerkt. In Nahmitz befindet sich ein großes Sägewerk.

In den Blättern für Heimatpflege, 2. Jahrgang 1924, ist eine Sage enthalten, wie die Nahmitzer den Lehniner Abt Sibold erschlugen. Dieser Abt ging zu Bekehrungsversuchen oft in die slawischen Dörfer und war deshalb nirgendwo gelitten. Auf einem solchen Wege beschloß er, mit dem ihn begleitenden Mönch in Nahmitz eine Rast einzulegen. Als er eines der ärmlichen Häuser betrat, flüchteten Frauen und Kinder und versteckten sich. Eins der Kinder lief zum Vater, der mit anderen Männern am nahen See fischte und rief: Der Abt ist da. Die Männer ließen ihre Arbeit fahren und umstellten das Haus. Abt und Mönch konnten gerade noch entkommen. Der wohlbeleibte Abt kletterte auf einen Baum, weil ihm beim Laufen die Puste ausging und schickte den Mönch zum Kloster, um Hilfe zu holen. Beim Erklettern der Eiche aber hatte der Abt sein Schlüsselbund verloren, und dieses verriet ihn, obwohl er durch das dichte Laub gut gedeckt war. Die Männer hieben die Eiche um und erschlugen den Abt. Als die Mönche heraneilten, wurden sie in die Flucht geschlagen und konnten sich gerade noch in das Klostergebäude zurückziehen retten.

Entlang des Emster Kanals und der Krummen Havel

Diese Tour ist als Kurzwanderung von 3 – 4 km auch für leicht Behinderte durchaus möglich und bietet zu jeder Jahreszeit etwas für den Naturliebhaber. Wasser zur Seite, ob Bach, Fluß oder ein See, ist immer ein belebendes Element. Um zum Emster Kanal zu kommen, fahren wir mit dem Bus D 104 ab Trauerberg bis Gollwitz. Nach Verlassen des Busses gehen wir die wenigen Meter zur Hauptstraße zurück, wenden uns nach links aus dem Ort hinaus, bis wir wieder an die Chaussee kommen und sehen auch schon rechterhand die Brücke, die den Kanal überquert. Wer auf der Fahrt mit dem Bus aufmerksam war, weiß, daß wir diesen Weg von Brandenburg her mit dem Bus kamen. Manchmal aber fährt der Bus nicht bis in den Ort Gollwitz hinein, sondern hält einige Meter hinter der Brücke, so daß man nur bis zu dieser zurücklaufen muß.

Auf der Brücke selbst sollte man stehen bleiben und sich einen Blick auf den Kanal gönnen, der sich, zu beiden Seiten von hohen Bäumen gesäumt, malerisch darbietet.

Unser Weg führt am linken Kanalufer in nördlicher Richtung entlang. Schwarzerlen, Weiden, Pappeln, Eschen und Eichen finden wir zu beiden Seiten des Weges, der auch deutlich Fahrspuren aufweist. Die Ufer sind mit Wasserdost und dem rauhhaarigen Weidenröschen, die beide große Büsche bilden, mit Schilf und Sumpffarn bestanden. Am Weg selbst finden wir die Große Brennessel, Beifuß, Graukresse, Spitz- und Breitwegerich u.a.

Die Schwarzerle trifft man meistens an Uferzonen von Gewässer. Durch die Beschattung des Gewässers wird das Verkrauten verhindert, hier am Emster Kanal deutlich zu bemerken; außerdem werden die Uferränder von den auch unter der Wassersohle wachsenden Wurzeln befestigt, Tieren Unterschlupf geboten, und der rein ästhetischen Funktion solchen Baumbestandes ist auch Rechnung zu tragen. Eine Schwarzerle kann bis zu 30 m hoch werden und hat im Alter eine schwarzbraune Borke. An den Zweigen bemerkt man zur Winterzeit haselähnliche Kätzchen, die im März zur Blütezeit wie lange, rötliche Zöpfe herunterhängen. Im Herbst finden wir dann die 1–2 cm großen, schwarzen Zapfen, die häufig im Winter vom Erlenzeisig aufgesucht werden. Die Schwarzerle bildet in sumpfigen Gebieten die bekannten Erlenbrüche. Das Holz dieses Baumes ist weich und wird an der Luft gelb- bis braunrot. Es ist auch besonders gut für Unterwasserbauten geeignet.

Im Buch der Deutschen Pflanzensagen von Anton von Perger finden wir über die Erle folgendes: Die Erle ist ein Gespensterbaum. Erlkönig und seine Töchter haben in ihren Zweigen ihren Sitz, und weiße und dunkle Geister und den schwarzen Jäger sah man auf Erlenblöcken lauern. Die Erlenjungfrau von Tegernfelden kämmt im Mondlicht ihr Haar und streift dabei Honig von den Erlenblättern, mit welchem sie sich den Scheitel salbt. Nach der nordischen Mythe fanden Odin, Honir und Baldur am Meeresstrand zwei Bäume und hauchten ihnen Leben ein, da ward aus der Asche (Esche) der

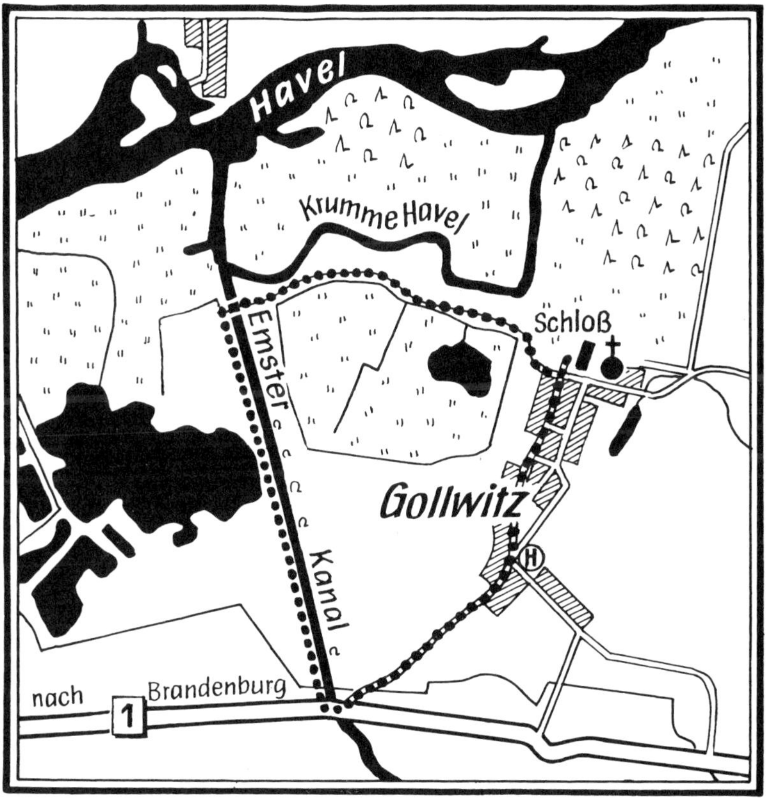
Havel
Krumme Havel
Schloß
Emster
Kanal
Gollwitz
H
nach
1
Brandenburg

Mann und aus der Erle das Weib. Die Kronen mancher sah man zuweilen von nächtlichen Flammen erleuchtet, und der Irrwisch hält sich bei den Erlen auf, denen das Volk nicht sehr hold ist, indem er sagt: „Erlenholz und rotes Haar, sind auf gutem Grunde rar."

Nach dieser kleinen Abschweifung zum Erlenzeisig. Er fällt uns gleich auf, turnt er doch flink in den Zweigen umher und sucht sich die Samen aus den kleinen Erlenzapfen. Er ist sehr gesellig, und auch hier am Kanal finden wir ihn gruppenweise. Teilweise sind es Winterschwärme, die bei uns zu Gast sind. Das Männchen ist gelbgrün mit schwarzem Scheitel, hat zwei Flügelbinden, einen hellen Bauch, Rücken und Flanken sind dunkel längs gestreift. Das Weibchen ist grauer und zeigt keine schwarze Kopfplatte. Das Nest wird kunstvoll in den äußersten Zweigspitzen von hohen Nadelbäumen aus Flechten, Moos, Halmen und Wurzeln gebaut und mit Insektengespinsten fest verbunden. Es gibt noch einen anderen Vogel, den man hier beobachten kann, allerdings nur sehr selten, die Beutelmeise. Sie siedelt immer in Wassernähe und baut ihr Nest an den Zweigenden von Weiden, Birken, Erlen und auch Pappeln als freihängenden Beutel. Und das eben fällt dem Wanderer zuweilen auf, nicht der Vogel selbst. Wir befinden uns immer noch auf dem Wege linksseitig des Kanals. Wenn wir nach links hin über das Land schauen, bleibt unser Auge an einer größeren Wasserfläche hängen, an deren Ufer wir unterwegs an einer Stelle auch direkt herankommen. Es ist ein alter Tonstich.

Wie überall im Brandenburger Landkreis wurde zwischen Gollwitz und Lehnin Ton gefunden, und viele kleine Ziegeleien entstanden, deren Produkte per Schiff befördert wurden. Lasten und Schiffe wurden wegen der steigenden Nachfrage immer größer. Die Emster als Wasserstraße zwischen Rietzer See und Havel machte jedoch soviele Schlängelkurven, daß sie die Schiffstransporte unnötig erschwerte. Deshalb wurde 1866 eine Kanalgesellschaft gegründet, um die Emster zu regulieren. Der Kanal ist insgesamt 10 km lang und ungefähr 0,80 m bis 1 m tief.

Das eigentlich mäanderartig sich schlängelnde Flüßchen Emster haben wir links von uns zu suchen; heute ist nur noch ein Rest davon und die Mündung in die Havel geblieben, ca. 1 km von uns entfernt.

Wir wandern weiter, bis wir eine Holzbrücke sehen, die den Kanal überspannt. Bevor wir sie überschreiten, sehen wir uns kurz das hier stehende Haus an. Es ist das ehemalige Zollhaus. In ihm wurden die Abgaben für das Befahren des Kanals bezahlt. Sie betrugen für einen beladenen Kahn etwa 4 Mark, für einen leeren eine halbe Mark. Auf dem Kanal durfte nur getreidelt werden, das Benutzen der Segel war verboten, um eine Beschädigung der angelegten Uferwände zu verhindern. Welche Bedeutung der Schiffahrt damals auf den Wasserstraßen zukam, beweist die damalige Lehniner Fortbildungsschule für Schiffer. Auch der im Rietzer See gestochene Torf wurde auf der Emster, bzw. dem Kanal befördert.

Über die Brücke gelangt, wandern wir immer geradeaus in Richtung Gollwitz, zur Linken die Krumme Havel, ein Altwasserarm, der parallel zum heutigen Flußbett durch die Wiesen verläuft und damit ein Stück Land zu einer Insel abschnürt. Zur Rechten haben wir das freie Ackerland der Havelniederung. Auch hier können wir wieder zu beiden Seiten die verschiedensten Vögel beobachten; auf dem stillen Seitenarm des Flusses abgesehen von Stockenten und Bleßrallen Tafelenten, Reiherenten, Zwergtaucher und Gänsesäger. Die luchartige Landschaft bietet vielen Kleinvögeln Nahrung und

Nistmöglichkeiten, außerdem sehen wir je nach Jahreszeit Grau-, Bleß- und Saatgänse und auch Kraniche. An den das Gelände durchfließenden Gräben stehen oftmals Fischreiher. Zur Rechten sehen wir direkt vor Gollwitz eine weitere Tongrube, die nun, mit Wasser gefüllt, einen ansehnlichen Teich bildet.

Linkerhand beginnt der Hochwasserdeich der Havel, der bis hinter Götz verläuft.

Bevor wir nach rechts hin in den Ort gehen, lenken wir unsere Schritte geradeaus auf die Kirche und das Herrenhaus (Schloß) zu. Die Kirche ist noch einen mittelalterlicher Feldsteinbau mit gotischem Seiteneingang. 1750 wurde der barocke Turm mit Schweifhaube und Laterne angefügt und der gesamte Bau umgestaltet. An der rechten Außenseite befindet sich eine Grabplatte von 1739. Das Schloß, ursprünglich Mitte des. 17. Jh. errichtet, heute Kreisvolkshochschule, ist nach einem Brand 1929 wieder aufgebaut worden.

Dazu gehört auch ein Park, der in den vergangenen Jahren total verwilderte und sich gerade in der Rekonstruktion befindet. Er hat sehr verschiedene Gehölze zu bieten, unter anderem strauchartig gewachsene Eibengruppen. Eine davon umsteht eine Stele mit einem aufgesetzten Helm aus der Ritterzeit, leider ohne irgendeine Schrift oder Jahreszahl. Auch in der Literatur ist darüber nichts zu finden. Zur Havel hin kann man im Park eine besondere Frühlingsflora entdecken, z. B. den mittleren Lerchensporn, Moschuskraut, Gold- und Milchstern.

Nach Besichtigung dieses Areals gehen wir durch den Ort bis zur Bushaltestelle, von der wir kamen, oder aber bis zu der Fernverkehrsstraße in Nähe der Brücke, je nachdem, von wo die Rückfahrt erfolgen soll.

Gollwitz, bereits 1375 im Landbuch Kaiser Karls IV.

An der Havel

aufgeführt, war schon vor dieser Zeit von der Familie v. Rochow an die v. Retzow weiter verlehnt worden. Die Besitzer wechselten oft, bis hin zum Oberamtmann Bennecke zu Aken an der Elbe. 1413 wurde der Ort von den Mannen des Magdeburger Erzbischofs gebrandschatzt, und nach dem Dreißigjährigen Krieg wirken sich die Folgen sogar noch 1687 in Gestalt von fünf wüsten Höfen aus: Die Kossäten haben keinen Acker als ihre Gärten und etwas Wiesenwachs. Die Wiesen der wüsten Kossäten sind ganz bewachsen, der Acker ist gut und ganz rein, aber keine Mastung, kein Brennholz, keine Fischerei noch Röhrung.

1858 wird eine Torfgräberei erwähnt, 57 Wohn- und 38 Wirtschaftsgebäude (davon eine Dampfschneck- und eine Getreidemühle). Bedingt durch den Tonabbau gab es später auch 40 Schiffer mit 13 eigenen Schiffen, die Ziegel nach Berlin brachten.

Die Gemarkung Gollwitz ist aber auch durch archäologische Funde bekannt. So lebten bereits in der mittleren Steinzeit Jäger und Sammler in dieser fischreichen Gegend, bewiesen u. a. durch einen Fischspeer und einen beinernen Angelhaken. 1975 wurde eine Siedlungsgrube aus der jüngeren Steinzeit entdeckt und belegt mit zahlreichen Knochen, Scherben und einem Reibestein seßhafte Leute. Eine Kette aus durchlöcherten Hundezähnen, verzierte gebrannte Gefäße, Armringe aus der Bronzezeit, ein Rand- und ein Lappenbeil sowie Urnengräber gehören ebenfalls zu den Funden, die sicherlich noch durch weitere ergänzt werden, wenn neue Baugruben ausgehoben werden oder andere Tiefbauarbeiten vonstatten gehen.

Rund um Klein-Kreutz

(nicht nur eine botanische Wanderung)

Wir fahren mit der Überlandbuslinie D 101 ab Trauerberg bis Katharinenbrücke und sehen auch schon einen breiten Weg vor der Brücke nach dem Aussteigen rechts abgehen. Diesen benutzen wir, um zum Fuchsbruch zu kommen. Lockere Baumbestände zwischen Ackerkulturen beleben die etwas wellige Landschaft. Schnell kommen wir an eine Weggabel und schlagen den linken Zweig ein, folgen der leichten Linkskrümmung und sehen hier auch schon auf der linken Seite Wasser blinken. Das ist der erste von vielen ehemaligen Tonstichen, die dem Fuchsbruch das idyllische Gepräge geben. Sie sind ein ideales Erholungsgebiet für Angler, zum Baden an heißen Tagen; aber auch in den dort verstreuten Wochenendgrundstücken, zum Teil am Wasser gelegen, findet man Entspannung, zumal das Gebiet nicht so übervölkert ist wie manches andere.

Der Weg macht eine Rechtskrümmung und leitet uns direkt auf die kleine Gasstätte „Anglerheim" zu. Eine Erfrischung tut gut, die Terrasse lädt dazu ein, mit Blick auf den See.

Doch wir wollen weiter und gehen an den wenigen, zum Teil wohl noch von der ehemaligen Ziegelei stammenden Häusern mit gepflegten Vorgärten vorbei. Hin und wieder hören wir unterwegs einen Haubentaucher quorren. Er siedelt sich gern auf solchen alten Tonstichen an, weil sie verhältnismäßig klare Sicht zur Unterwasserjagd bieten. Er baut sein Nest auf Schilf- oder anderen Pflanzeninseln mitten im Gewässer, wo er sich sicher fühlt. Es ist meistens schwer zu entdecken. Die Jungen sind leicht an dem schwarzweiß gestreiften Kopf und Hals kenntlich, ihre Bettellaute hört man weithin. Die letzte Tongrube im Schatten hoher Bäume mutet etwas düster-romantisch an.

Wieder gabelt sich der Weg, der von der Gaststätte an als Betonstraße verläuft und nun links weiterführt, während sich rechts ein Feldweg anbietet. Beide Wege führen nach Klein-Kreutz, dem nächsten Etappenziel; um unseren Füßen etwas Gutes zu tun, wählen wir den Feldweg und verlassen die harte, primär für Autos gedachte Betonstraße.

Amseln wuseln im Unterholz am Rand, den Beifuß, Schafgarbe und Rainfarn säumen. Den Beifuß kennen wir alle, ist er doch eine beliebte Gewürzpflanze. Seinen Namen bekam er durch das mittelhochdeutsche Wort bibos (bozen = stoßen), da dieses Gewürz zur Speise gestoßen wurde. Er fördert vor allem die Bekömmlichkeit von Fleischgerichten (nicht nur des Gänsebratens). Die Schafgarbe wird tatsächlich gern von Schafen gefressen und erhielt deshalb ihren Namen. Auch sie ist verdauungsfördernd. Achilles soll die Schafgarbe als Wundkraut benutzt haben, weshalb sie von Dioskurides (griech. Arzt, lebte in der 2. Hälfte des 1. Jh.) auch als Soldatenkraut in einer Handschrift über Heilmittel erwähnt wird. Ihr botanischer Gattungsname Achillea deutet noch heute darauf hin. Der Rainfarn ist ein Kraut, das durch die zahlreichen halbkugelförmigen goldgelben Blüten, an einer Trugdolde gewachsen, auffällt. Ein

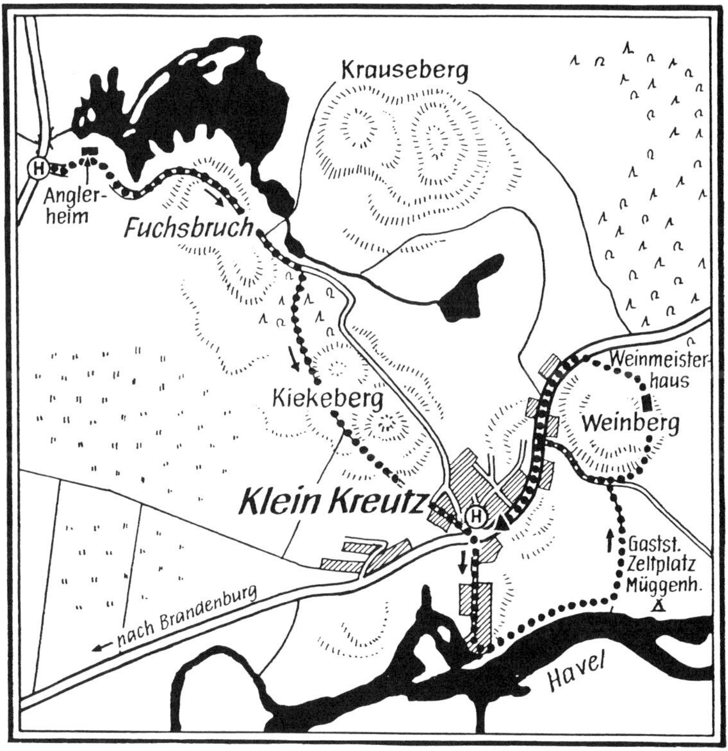

Krauseberg
Angler-heim
Fuchsbruch
Kiekeberg
Weinmeister-haus
Weinberg
Klein Kreutz
Gastst. Zeltplatz Müggenh.
nach Brandenburg
Havel

getrockneter Rainfarnstrauß im Zimmer soll Motten fernhalten.

Während dieses Exkurses haben wir die offene Landschaft zur Rechten erreicht. Die Anhöhe, die auf dieser Seite nun hinter uns liegt, ist der Kiekeberg. Er soll demnächst mit Eigenheimen bebaut werden. Die Kirchtürme von Brandenburg lugen über den Horizont, rechts der Marienberg wie eine bewaldete Erhebung. Welch ein Anblick muß es gewesen sein, als dieser Berg noch die viertürmige Marienkirche trug! Sie wurde nach 1220 erbaut und auf Befehl des Soldatenkönigs Friedrich Wilhelm I. 1722 abgerissen.

Zur Linken fallen uns hohe Gebüsche mit ausgebreiteten, sparrigen Ästen auf, deren Triebe bogig aufsteigen, um dann weit überzuhängen. Langgestielte lila Blüten und lanzettliche Blätter lassen uns diese heckenartigen Büsche als den Gemeinen Bocksdorn identifizieren. Er gehört zu den Nachtschattengewächsen. Seine roten Beeren sind natürlich giftig.

Inzwischen haben wir Klein-Kreutz erreicht und befinden uns gegenüber der Kirche. Wir überqueren die Chaussee (Vorsicht, unübersichtlich!) und gehen auf einem schmalen Fußsteig, die Kirche rechts hinter uns lassend, in die Havelstraße hinein. Die Kirche ist ein neuromanischer Backsteinbau von 1867, der Westturm im unteren Teil spätgotisch um 1500. Die Havelstraße wurde neu mit Steinpflaster versehen. Durch Nachpflanzung von Walnußbäumen zu beiden Straßenseiten wird der angerartige Charakter auch weiterhin bewahrt.

Die Havelstraße gehen wir bis ans Ende und sehen auch schon den Fluß. Er bildet hier Buchten und Altwasserarme; dazwischen größere und kleine Inseln. Die Straße mündet in einen Weg, der im linken Bogen weiterführt. Kalmus fällt uns auf, erkennbar an der einseitigen

Riffelung und der Blätter. Er steht gern an der Uferregion fließender Gewässer. Er ist uns als Heilkraut bekannt, seine Wirkung liegt im Wurzelstock. Früher wurde Kalmus auch als deutschen Ingwer überzuckert gegessen. Kalmusbäder kennen wir, auch als Zusatz für Gicht- und Rheumamittel wird er gebraucht; außerdem ist er in verschiedenen Magenmitteln enthalten. Der charakteristische Geruch steigt uns sofort in die Nase. Der Uferweg – der uns übrigens gleich zu Beginn linksseitig einen von Bäumen umrahmten Blick auf die Dorfkirche gewährt, der sehr reizvoll ist, – verengt sich allmählich. Er verläuft als Pfad direkt am Ufer entlang und bietet noch eine ganze Reihe von Pflanzen. Da ist der Blutweiderich, der zwischen das Grün lebhafte purpurrote Blüten setzt, die wie eine schweifartige Ähre zwischen Rohrkolben, Büschen von Weidenröschen, Minze und Gilbweiderich stehen. Letzterer treibt seine goldgelben Blütenrispen bis zu 80 cm hoch. Die Minze sendet einen starken Duft aus, wir nehmen ein paar Stengel mit für den Abendtee, sie schmeckt frisch am besten. Hopfen rankt an den Büschen und Bäumen; er ist immer da zu finden, wo es feucht ist. Er enthält Bitterstoffe, die beruhigend wirken. Dazu verwendet man ihn schon seit Jahrhunderten. Seit dem 8. Jahrhundert wird er plantagenhaft angebaut, weil er zum Bierbrauen vonnöten ist und den Geschmack verbessert. Man nimmt zu diesem Zweck aber nur die weiblichen Pflanzen (Hopfen ist zweihäusig) wegen des Aromas. Am Boden hat sich im wahrsten Sinne des Wortes der Huflattich breitgemacht. Er ist einer der ersten Frühjahrsblüher. Goldgelb leuchten Ende März/Anfang April die Blütenköpfchen, die den Löwenzahnblüten ähneln. Die Blätter treiben erst nach der Blüte aus. Beide, Blüten wie Blätter sind ein sehr wirksames Mittel gegen Husten, das man schon im Altertum zu schätzen wußte.

Während unserer ausgiebigen Pflanzenstudien entgingen uns jedoch die Fischreiher nicht, die am anderen Ufer wie alte, gebückte Männer stehen und auf Beute lauern. Das Getucker vorbeiziehender Lastkähne, auch kleiner Sportboote, machen diesen Weg abwechslungsreicher. Paddel- und Segelboote nutzen lieber die Altwasserarme, liebsame Unterbrechung der Fracht- und Passagierroute.

Das letzte Wegstück ist fast nur noch ein Anglerpfad, ehe wir an den Campingplatz Müggenheim kommen, der auch einen Bootshafen bietet. Um zur Gaststätte dieses Fleckchens zu kommen, müssen wir links um einen Zaun gehen.

Nach einer Stärkung dort geraten wir auf einen breiten Feldweg, der auch als Zufahrtstraße nach Müggenheim dient. Dieser Weg endet an einer Betonstraße und läßt uns wählen: Wer nicht mehr möchte, wendet sich nach links, wo er in das Dorf gelangt und auch zur Bushaltestelle, resp. nach Brandenburg (letzteres für Pkw-Besitzer, die ihr Auto in Klein-Kreutz parkten). Ansonsten wandern wir nach rechts, um die Erhebung herum, die wir schon die ganze Zeit vor Augen gehabt haben. Es handelt sich hier um die Alten Weinberge, die bereits 1525 angelegt wurden. Dieser Berg trägt auch den Namen Hohe Warte, und wer mag, sollte hinaufsteigen und den Rundblick genießen. Seit ca. 1870 wird dort kein Wein mehr angebaut, aber zwei – zwar umgebaute – alte Weinmeisterhäuser sind noch zu finden. Nicht nur bei Klein-Kreutz (es gibt an anderer Stelle noch die Neuen Weinberge), auch bei Butzow und auf dem Marienberg in Brandenburg und weiter nach Belzig und Werder zu wurde Wein angebaut. In Werder hat man jetzt den Weinanbau erneut versucht.

Wenn wir weiter um den Berg herumwandern, fällt

Wurzelwerk der Eiben in Kl. Kreutz

uns linkerhand ein langgestrecktes weißes Haus auf, von Büschen umgeben. Dies ist eins der ehemaligen Weinmeisterhäuser. Es ist 15 - 18 m lang und besaß in seinen besten Jahren nach der Straße zu keine Fenster, nur eine Tür von 2 m Breite. Sie führte in einen 8 x 6 m großen Raum, in dem eine Weinpresse stand. Zum Weinberg zu befand sich eine ebensolche Tür, damit die Trauben gleich vom Berg her zur Presse gefahren werden konnten. Die Wohnung des Weinmeisters und die Stallung für das Vieh lagen auf je einer der Giebelseiten. Erhalten ist von diesen Ursprüngen nur noch die Länge des Hauses und, wenn wir aufmerksam weitergehen, rechts des Gebäudes, sehr versteckt, zwei alte Eiben, die schätzungsweise 500 Jahre zählen. Für einzelne Besucher nach Erlaubnis durch den Hausherrn auch sicher aus der Nähe zu betrachten. Man beachte das gewaltige Wurzelwerk! Den Rundweg vollendend, treten wir am Ende des Dorfes auf die Chaussee und wenden uns wie vordem nach links.

Entlang der Havel von Saaringen bis Zachow

Man muß nicht gleich an die Nordsee fahren, wenn man eine Deichwanderung machen will, dafür bieten sich auch die in den siebziger Jahren an beiden Seiten der Havel angelegten Deiche an. Hier soll die Strecke von Saaringen bis Zachow, ca. 14 km lang, vorgestellt werden, die man bis auf das erste Wegstück nur auf dem Deich entlangwandernd zurücklegen kann.

Wir fahren mit der Buslinie D 108 ab Trauerberg bis Abzweig Saaringen und sehen schon gleich nach dem Aussteigen aus dem Bus eine Asphaltstraße, die zu dem im leichten Morgendunst liegenden Ort Saaringen führt.

Unser Weg bringt uns nicht bis in das Dorf hinein, sondern gleich links ab an den Ställen vorbei. Wer jedoch noch einen Abstecher dorthin machen möchte, kurz einige Daten dazu. Saaringen wurde 1320 erstmals erwähnt und blieb wie zuvor, auch unter deutscher Herrschaft im Mittelalter, ein slawisches Fischerdorf ohne Hufen. Der Name allerdings ist aus dem Slawischen nicht erklärbar, möglich wäre als Ursprung das Wort zarèka = hinter dem Fluß, denn Saaringen liegt direkt an der Havel. Vor 1320 gehörte es dem Bischof zu Brandenburg, später dem Domkapitel. 1641 ist es immer noch ein reines Fischerdorf. Erst ab 1656 gibt es Kossäten, 1708 einen Kuhhirten ohne Vieh. Ein kleines Dorf war es immer, 1931 sind 14 Wohnhäuser registriert; 1964 wurde Saaringen zu Klein Kreutz geschlagen. Die Kirche wurde 1796 errichtet.

Während wir auf den nach rechts führenden Feldweg einbiegen, der wenig später einen Knick macht und parallel zur Havel verläuft, können wir Goldammern beobachten, dem Segelflug der Greife (Rotmilan, Mäusebussard) zuschauen und schon die ersten Graugänse auf den Weiden stehen sehen. Je nachdem, welche Jahreszeit wir wählen, können wir uns an den Gänsen erfreuen. Zur Zugzeit oder im Winter sind es die bei uns rastenden nordischen Saat- und Bleßgänse, zu anderer Zeit oder auch mit ersteren vermischt, die bei uns brütenden Graugänse.

Im Hochsommer sollte man diese Wanderung nicht unternehmen, weil die gesamte Strecke kaum Schatten bietet. Wohl aber ständig neue Landschaftseindrücke; immer wieder wechseln die einzelnen Havelabschnitte, Altwasserarme, Inseln, schiffbare Flußabschnitte, Baumgruppen am Ufer, Hügel, Dörfer. Auf der Landseite die weiten Wiesenniederungen, teilweise schwarz von Tausenden Gänsen, die bei unserem Nahen kurz auffliegen und sich 500 m weiter wieder niederlassen. Ihr vielstimmiges Gackern erfüllt die Luft und bietet ein einzigartiges Erlebnis. Aber noch etwas anderes ist zu hören: das Tuckern der Motorfrachtkähne, die in Abständen an uns vorüberziehen.

Aber wir haben den Erwartungen schon vorgegriffen. Noch gehen wir den Weg zwischen eingekoppelten Weideflächen; kurz noch einmal rechts herum führt dieser Weg endlich auf den Deich, auf dem wir nun bis Zachow wandern.

Zur Linken begleitet uns unterhalb des Deiches ein Entwässerungsgraben. An und ab stehen hier Fischrei-

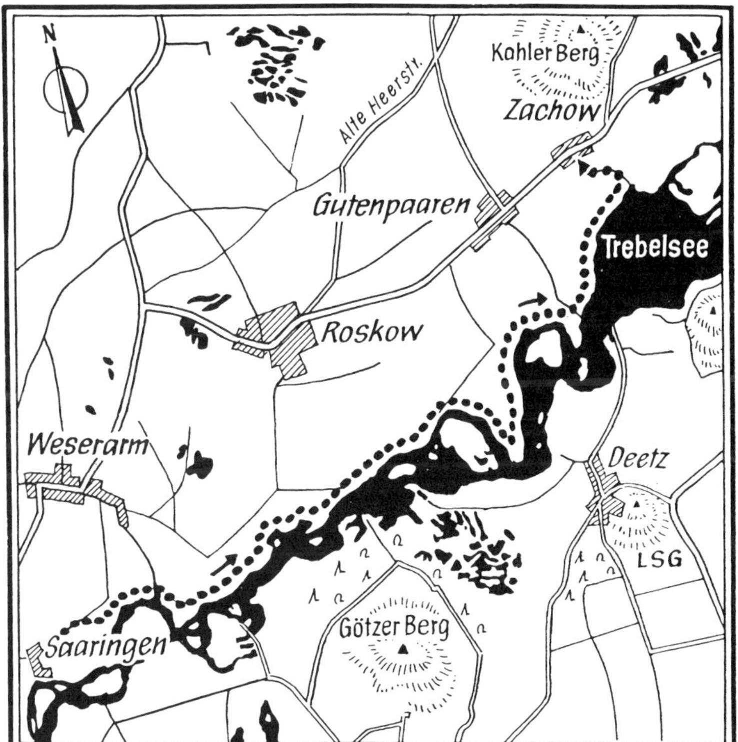
N
Alte Heerstr.
Kohler Berg
Zachow
Gutenpaaren
Trebelsee
Roskow
Weserarm
Deetz
LSG
Götzer Berg
Saaringen

her. Rauchschwalben pfeifen durch die Luft, die wie ein blaues Seidentuch die Landschaft überspannt. Wenn sich Möglichkeiten bieten, bis an den Fluß zu kommen, sollte man es tun und danach auf dem Deich die Tour fortsetzen. Auf der Havel selbst sind die verschiedensten Wasservögel zu sehen, abgesehen von Stockenten und Bleßrallen sind Gänsesäger, Reiher-, Schell- und Tafelenten zu entdecken, Haubentaucher, Schwäne, auch Kormorane neben einer Vielzahl von Lachmöwen, unter denen sich auch Sturm- und Silbermöwen befinden können. Die Schreie der beiden letztgenannten Arten unterscheiden sich von denen der Lachmöwe, auch sind Schnabel und Beine anders gefärbt.

In Höhe des Ortes Weseram linkerhand überqueren wir ein Wehr und bemerken eine kanalähnliche Verbindung zur Havel, die früher für die Verschiffung der Ziegel diente; auch hier finden sich Tongruben.

Weseram, 1317 erstmals erwähnt, ist aus einer spätslawischen Siedlung entstanden. Vor 1317 gehörte Groß-Weseram zum Brandenburger bischöflichen Tafelgut; Klein-Weseram wird im Westen des großen Gassendorfes als Platzdorf 1334 aufgeführt. Aus beiden Dorfkernen besteht der heutige Ort. Im Landbuch Kaiser Karls IV. ist nur der bischöfliche Ort registriert, evtl. war auch Klein-Weseram im Besitz des Bürgers Bentzdorf der Altstadt Brandenburg. Ab 1576 ist nur noch von einem Ort Weseram die Rede. 1907 ist es ein großes Dorf mit 6 Gutsbesitzern, 1 Guts- und Ziegeleibesitzer, sogar schon 1 Schrottwarenhändler(!), 3 Bäckereibesitzern, sämtlichen Handwerkszweigen, auch Ziegel- und Baggermeistern, 5 Schiffbauern, 1 Lokführer und anderen Bürgern, insgesamt ca. 500 Einwohnern. Die Kirche wurde zwischen 1752/53 errichtet in schlichtem Barockstil, der Turm wie viele märkische Kirchen mit einem einfachen Pyramidendach versehen. Die eisernen Grabkreuze an der Seite der Kirche im Gras sollen nach Vorbildern von Schinkel geschmiedet sein.

In den ersten Frühlingswochen finden wir zwischen den Steinen und dem Geröll zur Havel hin die ersten Huflattichblüten, die wie kleine Sonnen in der noch recht kahlen Landschaft stehen. Erst nach der Blüte treiben auch die Blätter, die durch ihre Huf-Form der Pflanze ihren Namen gaben. Der Huflattich ist eine wichtige Heilpflanze, deren spezifische Wirkung an dem hohen Anteil von Mineralstoffen liegt; Kalium, Kalzium, Natrium, Magnesium, Eisen, Phosphor, Schwefel und Kieselsäure wurden festgestellt. Vorrangig wird diese Pflanze bis heute als Hustenmittel eingesetzt, wozu sie schon Hippokrates verwandte. Der Huflattich entwickelt ein weitverzweigtes Wurzelsystem mit Ausläufern bis zu 2 m. Gesammelt werden die Blüten (März/April) und auch die Blätter (April/Juni). Im Garten vermehrt er sich so flächendeckend in kürzester Zeit, daß man ihn arg bremsen muß. Die jungen Blätter ergeben ein gutes Gemüse, das vielseitig verwendbar ist.

Am Ufer sehen wir auch entwurzelte Bäume, die uns an die bleichgewaschenen Riesen der Ostseeküste erinnern, obgleich diese hier ein ganz anderes Charakterbild entstehen lassen. Nach rechts erheben sich die Götzer Berge, 110 m hoch, während links allmählich Roskow sichtbar wird. Auch von hier kann man das Schloß und den Schulneubau recht gut erkennen. Wir müssen nun einen kleinen Kanal, immer auf dem Deich bleibend, umlaufen, der nach Roskow zu auch ein Wehr hat. Einsam inmitten der Niederung steht ein Wohnhaus.

Wer hier die Wanderung abbrechen möchte, hat dazu Gelegenheit und verläßt den Deich, um auf dem Plattenweg nach Roskow zu gehen; mit dem Bus D 108 kommt man wieder nach Brandenburg zurück.

Zu Roskow selbst wurde bereits in der Wanderung von Lünow nach Roskow etwas gesagt.

Immer wieder diese Gänsescharen! Die ganze, bisherige Strecke wurde durch sie bestimmt. Aber auch Rehe, Hasen und ein Fuchs kommen vor das Fernglas. Letzterer dokumentierte seine Anwesenheit deutlich auf dem Deich durch Rupfungen der verschiedensten Vögel – die Kiele der Federn sind durch- bzw. abgebissen.

In den Schilfbeständen a m Ufer halten sich Rohrammern und Teichrohrsänger auf. Von den Wiesen steigen Feldlerchen auf und erfreuen uns. Und ständig neue Landschaftsbilder! Auf der anderen Seite der Havel sehen wir den Königsberg bei Deetz, auch die große Deponie und ihre Müllberge. Hier wird Müll aus Westberlin per Schiff angelandet.

Motorboote, Segler und auch hin und wieder Paddelboote kreuzen auf dem Fluß auf. Da der Deich sämtlichen Havelwindungen folgt, zieht sich der Weg hin, und man sollte wenigstens eine Rastpause unterwegs einlegen.

Roskow wird in weitem Bogen umgangen, es dauert lange, bis wir es nicht mehr sehen.

Endlich aber taucht Gutenpaaren zur Linken auf. Rechts am Ufer ist eine kleine Badestelle.

1170 wird der Ort Parne urkundlich erwähnt, 1624 als „Barnimb an der Havel, sonst Guten Barnimb genannt". 1805 ist der heutige Name Gutenpaaren eingetragen, aber noch mit Bindestrich. Seit dem 15. Jh. ist der Markgraf Lehnsherr, späterhin v. Brösicke und andere Adelsfamilien, auch die v. Katte hatten in Gutenpaaren ein Rittergut. Seit 1950 gehört Gutenpaaren zu Zachow. Beide Orte gehören nicht mehr zum Landkreis Branden-

Pappelallee am Deich zwischen Saaringen und Weseram

burg, sondern zu Nauen und gehen fast ineinander über. Die Dorfkirche ist ein im Kern spätmittelalterlicher kreuzrippengewölbter Backsteinbau mit seitlichen Anbauten. Der Turm mit der flachen Schweifhaube stammt aus dem 18. Jh. 1863 veränderte man die Kirche im neugotischen Stil.

Zur Rechten verbreitert sich das Wasser – wir sehen auf den Trebelsee, den die Havel durchfließt. Schon setzen wir auch das Fernglas an, denn viele Wasservögel bevölkern die Seefläche. Das letzte Stück Deich bis Zachow, unserem Ziel, macht noch einen ziemlichen Bogen, ehe wir dorthin kommen. Halbrechts sehen wir schon Ketzin liegen, links hinter Zachow den Kahlen Berg, 80 m hoch. Wir überqueren ein weiteres Wehr und verlassen den Deich, der noch bis kurz vor Ketzin weitergeht. Unmittelbar hinter dem Wehr verläuft links ein Weg, der direkt nach Zachow führt.

In einer Urkunde, die auch im Domarchiv zu Brandenburg liegt, wird Zachow als Cechowe 1170 erstmals erwähnt. Man nimmt an, daß der Name auf einen Personennamen zurückgeht. Bis 1872 gehörte Zachow dem Domkapitel zu Brandenburg. Auch hier wurde neben der Landwirtschaft und der Fischerei Ziegelfabrikation betrieben. Die Kirche ist im Kern spätgotisch und zeigt aus dieser Zeit noch einen Giebel mit Spitzbogenblenden. Ein späterer Umbau diente dazu, Korbbogenfenster einzusetzen. Es lohnt sich, noch vor der Rückfahrt mit dem Bus D108 nach Brandenburg, die Kirche zu umrunden und genau zu betrachten. Zachow wird auch von den Überlandbussen aus Potsdam angefahren, so daß hier auch die Möglichkeit besteht, in die Landeshauptstadt zurückzufahren.

Durch die Feldmark von Weseram nach Butzow

Als Frühjahrswanderung (11 km) läßt sich die nachfolgende Strecke am besten an, da man, ausgerüstet mit einem guten Fernglas, sich hier einiger Vogelbeobachtungen erfreuen kann, die sich zu anderer Zeit nicht bieten.

Wir fahren mit dem Bus D 108 bis Weseram und sollten vorzugsweise die Morgenstunden für diesen Trip nutzen. Gleich gegenüber der Haltestelle in Weseram sehen wir eine Straße aus dem Ort hinausführen und machen uns auf dieser in Richtung Norden auf. Das erste Stück ist noch mit gelben Ziegeln mustergepflastert und erzählt auch hier von der einstigen Ziegelindustrie im gesamten Umland von Brandenburg. Die verarbeiteten Ziegel sehen krumm und schief aus. Damit hat es seine besondere Bewandtnis: vornehmlich wurden die gelben Ziegel wegen ihrer besonderen Festigkeit für Schornstein- und Brückenbauten hergestellt, und mit der anfallenden Ausschußware pflasterte man Straßen. Früher konnte man weit mehr solcher ziegelgepflasterter Ortsverbindungen finden, aber im Zug der Zeit wurden die meisten überasphaltiert.

Die Straße geht dann in einen Feldweg über und stößt endlich auf einen breiten von West nach Ost verlaufenden Fahrweg, die Alte Heerstraße, die seinerzeit von

Magdeburg über Spandau bis nach Kiew verlief und im Prinzip schon die Tendenz unserer Autobahn vorwegnahm, indem sie möglichst wenig Orte berührte. Ein Stück davon finden wir in Spandau wieder, bis heute heißt die ins Brandenburger Land führende Ausfallstraße Alte Heerstraße.

Unterwegs sehen wir inmitten der Ackerflächen schilfumstandene Kleinstgewässer, die aus der Eiszeit herrühren und unter Schutz stehen, sogenannte Feldsölle. Abgesehen davon, daß sich hier gern Niederwild aufhält, bilden sie für verschiedene Lurche letzte Refugien und bieten auch Rohrammern auf kleinem Raum eine Nistgelegenheit. In den Feldgehölzen zu beiden Seiten des Weges nisten ebenfalls verschiedene Vögel der offenen Landschaft. Ganz besonders kann sich der Wanderer am jubilierenden Gesang der Feldlerchen erfreuen, die steil ins hohe Blau aufsteigen.

An der Alten Heerstraße angekommen, schwenken wir links ein. Der Weg zeigt hohlwegartigen Charakter und ist eine willkommene Abwechslung. Über uns mauzt hin und wieder ein Bussard. Auf den Feldern zwischen Weseram und Lünow kann man in diesen Wochen auch bei etwas Glück und Aufmerksamkeit Kraniche stehen sehen. Ihr Gefieder ist überwiegend grau, Gesicht und Kehle sind schwarz mit davon abstechenden bogenförmigen weißen Streifen. Der Scheitel ist rot. Über dem kurzen Schwanz hängt ein sichelförmig verlängerter Federbusch. Männchen und Weibchen sind gleichgefärbt. Der Kranich ist unser größter Brutvogel. Er lebt sehr heimlich, bewohnt ausgedente Sumpfgebiete mit dichtem Buschwerk, vornehmlich Erlenbrüche und Verlandungszonen. Er baut sein Nest am Boden an unzugänglichen Orten und reagiert äußerst empfindlich auf jede Störung.

Das
Bruch
Gortz
Bagow
Bollmannsruh
Beetzsee
Ketzür
Butzow
Flachsbg.
Beetzsee
Lünow
Alte
Heerstr.
Grabow
Roskow
Mötzow
Weseram

Der grasbewachsene Weg wird zum Sandweg, und bald sehen wir einen leicht befestigten, oft befahrenen Weg rechts herum führen, dem wir folgen. An seiner rechten Seite wird er von Lichtmasten begrenzt. Auch hier steht wieder viel Feldgehölz an beiden Seiten, das nicht nur der Winderosion entgegenwirkt, sondern auch Rebhühnern und Hasen Unterschlupf bietet.

Kurz vor Lünow nehmen wir die linke Abzweigung, die mit Feldsteinen ausgelegt ist. Zur linken Seite fiel uns bereits eine Böschung auf, wie sie für Bahndämme typisch ist. Wir haben es hier mit Resten der ehemaligen Kleinbahnstrecke (1965 stillgelegt) zu tun, die von Brandenburg über Brielow, Radewege, Butzow, Ketzür, Lünow nach Roskow führte. Eine zweite Kleinbahnstrecke kam von der Krakauer Landstraße her über Klein-Kreutz, Saaringen, Weseram nach Roskow. Dort stieg man um nach Nauen. Mit einigem Gespür lassen sich noch die alten Stationsgebäude in den Dörfern finden.

Als man jetzt den gesamten Bahndamm zwischen Butzow und Lünow zum Wanderweg umgestaltete, indem man die alten Schwellen und den noch hier und da liegenden Schotter entfernte, ließ man die alten Kilometersteine jedoch stehen. Auf beiden Seiten wurden Bäume gepflanzt, um dem Wanderer die sonst prall in der Sonne liegende Strecke zu beschatten.

Lünow, 1335 erstmals erwähnt, bedeutet „Ort, wo es Weihen (Bussarde) gibt". In der Tat kann man diesen Greif hier oft beobachten.

Alsbald überqueren wir die Chaussee und sehen schräg links einen Fußweg, der uns zur ehemaligen Eisenbahnbrücke über den Lünower Streng führt, wie die Einschnürungen des Beetzsees an entsprechenden Stellen genannt werden. Wir überschreiten die Brücke und gönnen uns einen Blick in die Ketzürer Bucht. Manchmal kann man in dieser Gegend auch einen jagenden Fischadler beobachten, mit Sicherheit aber Graugänse; ebenfalls Kiebitze und andere Limicolen wie Uferschnepfe, Bekassine oder den sehr selten gewordenen Brachvogel. Letzterer läßt durch einen klangvollen Flötentriller aufhorchen. Es ist also geboten, sich für diese Exkursion mit Zeit und Geduld zu wappnen, wenn man etwas erlauschen will. Die Ketzürer Bucht ist seit langem als Brutgebiet unserer heimischen Graugans bekannt.

Der Weg verläuft einige Zeit auf dem alten Bahndamm, später eine Weile unterseits von ihm entlang und wieder auf ihm weiter bis Ketzür. Von rechts grüßt die ganze Zeit der Flachsberg herüber.

In der Mitte des Dorfes steht die Kirche, die wir unbedingt besichtigen sollten. Der Ortsname Ketzür ist von Kater abgeleitet. Ketzür wurde wie auch Lünow 1335 erstmals erwähnt und gehörte von 1375 bis 1824 dem Geschlecht von Brösicke.

Die Kirche ist ein frühgotischer Backsteinbau, wahrscheinlich aus der 2. Hälfte des 14. Jahrhunderts, wurde mehrmals umgebaut, sodaß sich eine malerisch-unregelmäßige Anlage aus verschiedenen Zeiten ergibt. Bemerkenswert ist die Innenausstattung. Hier sehen wir das aus Sandstein, Marmor, Alabaster gearbeitete Epitaph der Familie von Brösicke, 1611–1613 von Christoph Dehne aus Magdeburg geschaffen. Ein vierzoniger Aufbau zeigt die knieenden Freifiguren der Familie, dazu Reliefdarstellungen aus dem Leben Christi. Sechs Grabsteine mit Relieffiguren und Wandmalereien sollten ebenfalls in die Betrachtungen miteinbezogen werden. Die Balkendecke des Chores und die Holzverkleidung der Ostseite des Triumphbogens sind mit ornamentaler Wandmalerei ausgestattet. An der Südseite des Chores befindet sich die verglaste Patronatsloge aus dem 17. Jh. Die Empore im Südteil des Polygons (Knechtechor) ist von 1688, Altarretabel und Kanzel von 1605.

Von der Kirche aus finden wir schräg gegenüber die Bäckerstraße. Sie mündet in einen Feldweg, den wir verfolgen, bis wir links von uns wieder den Bahndamm sehen. Wir gehen auf ihn zu und benutzen ihn bis Butzow.

Der Ort Butzow hat durch seine schöne Lage am Beetzsee durch den Campingplatz besondere Bedeutung als Erholungszentrum, außerdem aber als Amtssitz für die Beetzseegemeinden. Der Name rührt von einem Personennamen her (Budislaw – Kurzform Budz). Butzow wurde 1208 erstmals erwähnt. 1413 verzeichnet die Chronik, seien Dorf und Kirche von erzbischöflichen magdeburgischen Rittern schwer „gepucht" und beraubt worden. Die Kirche ist ein neuromanischer Bau von 1879. Hervorzuheben ist, daß wir in diesem Gassendorf mehrere Häuser in fränkischer Bauart vorfinden d.h. zweistöckig, mit dem Giebel zur Straße und teilweise noch erhaltenen gekreuzten Pferdeköpfen darüber.

Mit der Buslinie D 119 erreichen wir Brandenburg wieder. Natürlich kann man auch noch die im Nachfolgenden beschriebene Kurzwanderung nach Radewege anhängen oder einfach über den Hasselberg nach Radewege wandern.

Von Butzow nach Radewege

Eine kleine Sommerwanderung für die, die keine großen Touren mehr bewältigen können, soll heute vorgestellt werden.

Wir fahren mit der Buslinie D 119 bis Butzow und gehen in Fahrtrichtung des Busses durch den Ort. Dabei sollten wir auf die Häuser zu beiden Seiten der Straße achten, von denen einige nach fränkischer Bauweise mit dem Giebel zur Frontseite errichtet wurden. Butzow wurde 1208 erstmals in einer sich heute im Domarchiv befindlichen Urkunde erwähnt. Seit 1957 gehört auch der Ortsteil Mötzow dazu. Die Dorfkirche ist ein neuromanischer Putzbau von 1879. Eine der Glocken stammt noch aus der alten, vorherigen Kirche, gegossen 1697 von Johann Greten aus Magdeburg.

Die Chaussee macht dann eine ziemliche Krümmung, und wir sehen hier kurz hinter der Ecke linkerhand einen breiten befestigten Weg abzweigen. Auf diesem wollen wir uns dann in nördlicher Richtung auf unsere Wanderung begeben. Der Weg, der von Hundskamille, Wegwarte, Ackerwinde und anderen Rainpflanzen sowie großen Pflaumenbüschen gesäumt wird, führt uns durch weite Feldlandschaft. Den Horizont begrenzen dichte Baumbestände. Sie umstehen das Marzahner Fenn, zu dem dieser Weg schließlich führt. Doch soweit wollen wir unseren Ausflug heute nicht ausdehnen. Das strophenreiche Lied aufsteigender Feldlerchen untern Blauhimmel erfreut jedes Ohr.

Nach ca. 1 km führt auf der linken Seite ein Weg, der mit hohem Gras bewachsen ist, aber noch alte Fahrspuren zeigt, auf ein Wäldchen zu. Der Boden in der Mitte des Weges ist mit einem dichten Teppich von Vogelknöterich bedeckt. Zu beiden Seiten steht reifendes Getreide.

Bald haben wir das Wäldchen erreicht und folgen den Fahrspuren, zur Linken die Kiefern, zur Rechten den Acker, und umrunden so zu einem Teil das Wäldchen auf seiner nördlichen Seite. Ab und an stoßen wir auf einen Steinlesehaufen. Mächtige Blöcke bis zu kleineren Granitsteinen, die die Eiszeit aus dem Norden hierher transportierte, lassen den Wanderer verweilen und die einzelnen Formen und Farben in Augenschein nehmen.

Eine Freifläche mit buschartig gewachsenen, eingestreuten Kiefern, die sich zur Rast eignet folgt.

Auf dieser Trockenrasenfläche finden wir die gelbe Sandstrohblume, die gern zu Sträußen für den Winter gepflückt wird. Das kleine, blaublühende Gewächs, das auf einem dünnen Stiel steht, ist das Bergsandknöpfchen.

Ein Turmfalke, an seinem Rüttelflug leicht erkennbar, hat lange spitze Flügel und auch einen langen Schwanz und ist auf Jagd. Seine Nahrung besteht vorwiegend aus Mäusen, auch aus Großinsekten, selten aus Kleinvögeln. Er bewohnt Gebäude- und Baumhorste. Auch in der Stadt kann man ihn beobachten, z.B. über der Katharinenkirche.

Nach unserer Rastpause machen wir noch ein paar Schritte auf eine einzeln stehende Birke zu, an deren Fuß auch wieder große Granitsteine liegen. Einer davon sieht aus, als sei er mit Grünspan überzogen.

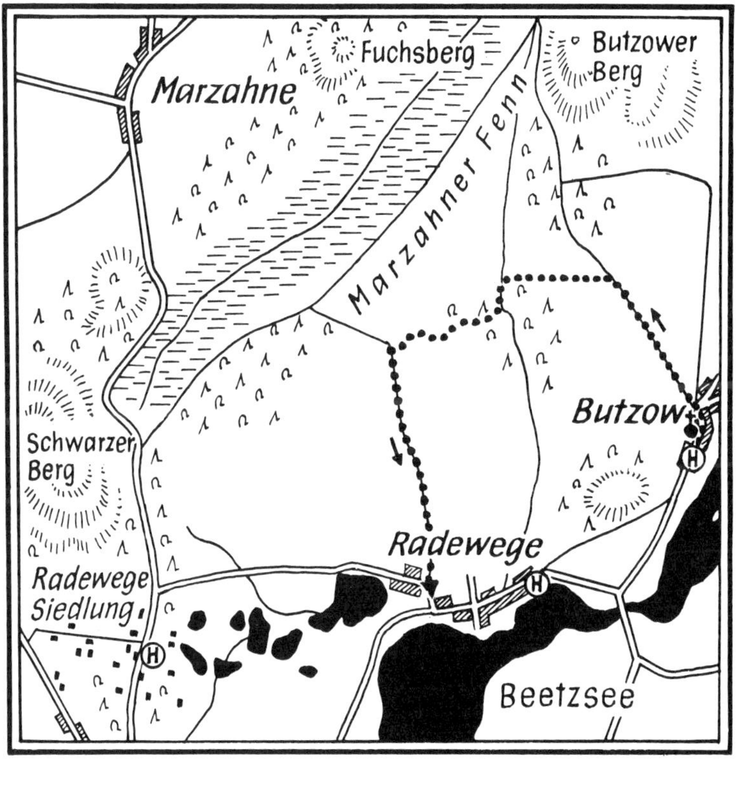
Fuchsberg
Butzower Berg
Marzahne
Marzahner Fenn
Schwarzer Berg
Butzow
Radewege
Radewege Siedlung
Beetzsee

Schon sehen wir einen ebenso reichlich bewachsenen Feldweg, der von Süd nach Nord verläuft. Wir wenden uns fast im rechten Winkel nach rechts, also nach Süden, um nach Radewege zu gelangen. Es geht etwas hügelan und abermals auf ein Waldstück zu, vor dem sich der Blick auf unseren Zielort lohnt. Im Hintergrund bemerken wir die Götzer Berge. Der Weg verläuft weiter durch den Wald und in einer Linkskurve auf Radewege zu.

Süßlicher Blütenduft steigt uns in die Nase, den wir alsbald einem gelbblühenden Kraut zuordnen. Das ist das Echte Labkraut, auch Austekraut (weil es im August blüht) im Volksmund genannt. Man findet es immer auf trockenen Wiesen und an lichten Stellen in Wald und Flur.

Während wir auf Radewege zugehen, das einen typisch märkischen Dorfcharakter mit der zwischen den Dächern hervorragenden stumpfwinklig bedachten Kirche bietet, genießen wir die Beetzseelandschaft. Eingebettet in grüne Ufer mit den dahinfliegenden Segelbooten glitzert das Wasser in der Sonne.

Radewege wurde urkundlich 1173 erstmals genannt und gehörte zeitweise (bis 1872) zur Altstadt Brandenburg. Die Kirche hatte bis 1973 eine zwiebelförmige Haube, welche einem Brand, durch Blitzschlag ausgelöst, zum Opfer fiel. Die Kirche selbst besteht aus einem spätgotischen Feldsteinbau.

Radewege bietet verschiedene Möglichkeiten zur Einkehr, ehe wir mit der Buslinie D 119 den Heimweg antreten.

Eine Wanderung durch das Gebiet nördlich von Radewege

(8 km)

Auch dies ist eine Wanderung, die man zu jeder Jahreszeit unternehmen kann, da sie sich je nach Entwicklungsstand der Natur sehr verschiedenartig darbietet. Man fährt mit der Überlandbusline D 119 oder auch 114 bis zur Station Baumschulen. Unter diesem Namen ist diese Haltestelle bekannt; wenn wir aussteigen, lesen wir an dem Wartehäuschen „Radewege Siedlung". Das ist die eigentliche, richtige Bezeichnung für diesen Ortsteil, der aus Wohnhäusern und Wochenendgrundstücken in gemischter Form besteht. Da es hier früher einige Baumschulen gab, hat sich der Name bis heute erhalten.

Nach Verlassen des Busses wechseln wir gleich auf die linke Fahrbahnseite hinüber und wandern in Fahrtrichtung des Busses geradeaus am Abzweig nach Radewege vorbei in Richtung Marzahne, unter den zwei Überlandleitungen hindurch. Die Chaussee ist jetzt an beiden Seiten eingeböscht, vorwiegend stehen Robinien und Eschenahorn hier.

Der Eschenahorn wurde 1688 in Europa eingeführt und zuerst nur für Landschaftsparks verwendet. Heute ist die Art verwildert und überall zu finden, meistens an trockenen Hängen, Bahndämmen und Ruderalflächen wachsend. Der Baum kann 15 m hoch und ca. 100 Jahre alt werden. Die unpaarig gefiederten Blätter sehen mit den drei bis sieben Fiederblättchen eschenähnlich aus. Die Früchte sind wie Ahornfrüchte zweiflügelig spitzwinklig zueinander gestellt.

Gleich hier auch noch etwas zur Robinie, die fälschlicherweise oft Akazie genannt wird. Auch die Robinie ist eine verwilderte Art. Übrigens sorgte seinerzeit Eberhard von Rochow für die Einbürgerung der Robinie in unserer Gegend, da sie sehr gut auf Sandböden wächst, eine gute Bienenweide darstellt und sehr hartes Holz (Zaun- u. Koppelpfähle) hat. Die Robinie gehört zu den Schmetterlingsblütlern. Die Früchte, lange schwarzbraune Hülsen, öffnen sich erst im Winter. Die Zweige sind mit bis zu drei cm langen Dornen bewehrt.

Während wir linkerhand Wald stehen sehen, bemerken wir auf der Gegenseite ein Feld und dann auch einen Feldweg, der die Ackerfläche von einem lichten Hain trennt. Wir überqueren die Straße und gehen auf diesem Weg weiter. Bald darauf führt halblinks ein Weg in das Wäldchen. Hier finden wir auch das Grab des russischen Kriegsgefangenen, der 1916 bei Meliorationsarbeiten im Marzahner Fenn eingesetzt floh, gestellt und erschossen wurde.

Der Weg macht einen Bogen, geht dann nach rechts auf eine Schlucht zu, um dann links davon als Pfad weiter zu verlaufen. Auch hier wieder Robinien mit Kiefern gemischt. Diese lange Schlucht führt bis zum Marzahner Fenn. Es ist der „Russengraben“, der Abflußgraben des meliorierten Fenns, der bis in die Radeweger Tongruben reicht. Daß wir kein Wasser sehen, liegt daran, daß der Graben auf dieser Strecke untertunnelt ist. (Näheres dazu in der Wanderbeschreibung „Durch das Marzahner Fenn“).

In diesem Hain kann man zur Herbstzeit vor allem

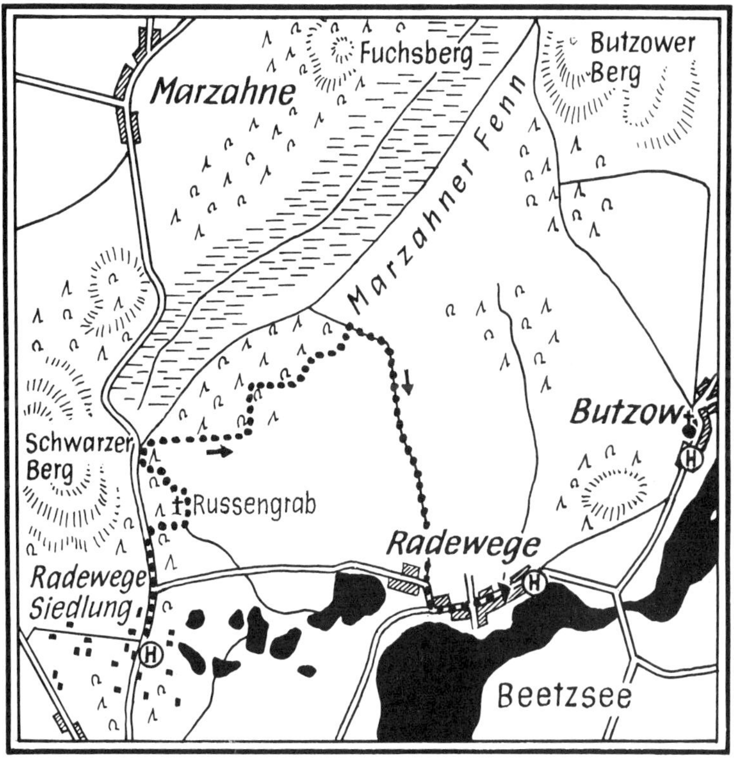
Fuchsberg
Butzower Berg
Marzahne
Marzahner Fenn
Butzow
Schwarzer Berg
Russengrab
Radewege
Radewege Siedlung
Beetzsee

den Großen Schirm- oder Parasolpilz und die Stinkmorchel finden. Der Große Schirmpilz fällt uns schon durch seine Größe auf. Der Hut kann bis zu 25 cm breit werden, junge Exemplare sehen aus wie ein Paukenschlegel. Der Hut ist blaß-bräunlich mit dunkel, dachziegelartig gestaffelten Schuppen. Der Stielring ist auffallend groß und beweglich zu verschieben (Schirm!). Man brät den Hut, nachdem man ihn wie ein Schnitzel paniert hat, der Stiel ist holzig und höchstens zu Pilzpulver zu verarbeiten.

Der schmale Weg mündet auf den parallel zur Chaussee angelegten Brandstreifen, auf dem wir weitergehen, bis wir auf einen rechts von der Landstraße abzweigenden Fahrweg kommen.

Vor uns liegt das Marzahner Fenn. Wir gehen nach rechts auf dem breiten Weg weiter, der linke Abzweig führt um das Fenn auf seiner östlichen Seite. Rechterhand stehen Lichtmasten. Dieser Weg würde uns schon nach kurzer Zeit nach Radewege bringen, wir aber haben einen längeren geplant und nutzen jetzt den Weg, der am Ende des Waldes links beginnt und auf der rechten Seite von Lärchen bestanden ist. Später läuft er am Waldrand weiter und, immer geradeaus gegangen, wieder in den Wald hinein.

Wir hören den Kolkraben rufen, der jetzt schon die Balzzeit eröffnet mit Flugspielen und dem typischen Rabenruf. Gleich dem ersten Weg rechts durch den Wald ist zu folgen, ohne links oder rechts abzubiegen, den in den Waldweg eindeutig gedrückten Fahrspuren nach, bis wir aus dem Wald herauskommen. Am Feldrand entlang geht es weiter, eigentlich noch immer auf demselben Weg. Bei klarem Wetter hat man auch hier schon einen weiten Blick über die Beetzseelandschaft und die umliegende Feldmark. Rechts am Horizont der Marienberg,

Tongrube bei Radewege

die Spitzen der Kirchtürme aufgereiht, bis die Götzer Berge ganz links die Silhouette abschließen. Am Ende des Waldes schwenkt der Weg links herum und, bevor wir weitergehen, gönnen wir uns hier an der Ecke eine Rastpause. Danach wandern wir noch ein kleines Stückchen durch den Wald, dann schon geht es an seinem Außenrand weiter, zur Rechten abermals die offene Landschaft, die von zwei Söllen geprägt ist.

Sölle, auch Toteislöcher, entstanden in Moränenlandschaften nach der Eiszeit durch das langsame Aufschmelzen von großen Eisblöcken. Es sind kleine, rundliche Hohlformen, meistens mit Wasser gefüllt, die im Durchschnitt bis zu 25 m Durchmesser haben. An ihren Rändern haben sich oft typische Ufervegetationen gebildet, etwas Röhricht finden wir an der einen Vertiefung hier auch. Durch die um die Sölle stehenden Bäume hat die an sich karge Landschaft eine hübsche Auflockerung erhalten. Die Hügel linkerhand gehören zu den Staumoränen um das Marzahner Fenn, von dem auch der Weg abzweigt, auf den der unsrige ausläuft. Bevor wir rechts herum einbiegen, schauen wir kurz nach links und sehen dort in der Ebene die durch Austorfung entstandene Wasserfläche.

Der Weg geht leicht hügelan durch die offene Feldflur, an der linken Seite bietet eine Pflaumenhecke den Vögeln Nistmöglichkeiten und Unterschlupf, dem Wanderer im Herbst etwas Wegzehrung. Wir halten uns rechts, nach links zu führt der Weg auch hier ins Marzahner Fenn. Später durchqueren wir auf einer Anhöhe einen kleinen Baumbestand, in dem ein Bussard seinen Horst hat. Das ist der Molkenberg, und während wir auf dem breiten Fahrweg leicht abwärts direkt auf Radewege zu gehen, erfreuen wir uns an der Sicht auf den Beetzsee, der hell in der Sonne glitzert.

Von Ketzür um den Flachsberg herum nach Gortz

Wir fahren mit der Buslinie D 119 vom Trauerberg bis Ketzür, müssen uns aber anhand des Fahrplanes orientieren, ob der Bus in den Ort hineinfährt oder nur bis zum Abzweig Ketzür. Im letzten Fall verlängert sich die Strecke um 1 km und beträgt somit im ganzen 7,5 km. Nachdem wir den Bus verlassen haben, gehen wir entweder das gesamte Stück bis zum Dorf oder nur bis zur Mitte. Dort machen wir einen Abstecher auf den Mühlenberg, des Rundblickes wegen und um auch die im Wiederaufbau befindliche letzte Bockwindmühle des Kreises Brandenburg anzusehen. Wir biegen in die erste linke Seitenstraße, die Mühlenstraße, ein. Von oben hat man einen weiten Blick auf die umliegenden Hügel, auf die kleinen Wasserflächen ehemaliger Tongruben und den Beetzsee. Die Westwand der Mühle ist mit neuen Holzschindeln versehen, die Flügel sollen bei einem Mühlenbauer in Mecklenburg in Arbeit sein. Einen sehr zufriedenstellenden Eindruck macht das Ganze allerdings nicht. Wir kommen auf demselben Weg wieder zurück ins Dorf. Es geht weiter durch den gepflegten Ort, der in Richtung Beetzsee ausläuft. Hier gehen wir links den Weg, an der Badestelle vorbei, und bemerken rechts den Bahndamm der Kleinbahn, der zum Wanderweg umgestaltet wurde. Diese Bahn fuhr von Brandenburg über Brielow – Radewege – Butzow – Ketzür – Lünow nach Roskow und bot ihren Fahrgästen sicherlich viele landschaftlich reizvolle Ansichten der Beetzseeuferregion. Wir machen ein paar Schritte seitab nach rechts auf den Bahndamm hinauf und haben einen schönen Ausblick auf die Ketzürer Bucht, verlassen ihn aber wieder und folgen dem grasbewachsenen Wiesenweg. Von links blinkt eine schilfumstandene Tongrube. Am Rand des Weges finden wir die Wegmalwe, deren hellrosa Blüten uns bis in den Herbst hinein erfreuen. Wir sehen schon von hier aus auf zwei der Hügel, die die Umgebung mit vielen weiteren rund um den Beetzsee prägen, entstanden durch die Eiszeit. Das ganze Gebiet zur linken Hand hat den Flurnamen Todlaake. Nützliche Kräuter wie Schafgarbe, Beifuß und Rainfarn wachsen hier in größeren Mengen.

Kurz vor einer baumumstandenen Tongrube treffen wir auf eine Weggabel. Geradeaus geht es weiter über die Eisenbahnbrücke nach Lünow. Da wir zum Flachsberg wollen, halten wir uns links. Rechts in der Ferne sehen wir den Kirchturm von Lünow herübergrüßen. Wir bleiben auf dem Weg, der über einen Meliorationsgraben hinwegführt und eine leichte Linkskrümmung macht.

Auf den großen Wiesen sind oft Fischreiher zu sehen, im Frühjahr Kiebitze und Graugänse, auch Rohrweihen. Rohrweihen haben relativ breite Schwingen und einen leicht gaukelnden Flug. Das Männchen ist durch den braunen Schultersattel auf blaugrauem Flügelfeld leicht auszumachen, das Weibchen ist einfarbig dunkelbraun. Rohrweihen brüten am Boden im Röhricht.

Auf den Wiesen und am Wegrand kann man im Sommer und Herbst Nelkenschwindlinge und Champignons finden. Der erste ist ein hervorragender Suppen- und

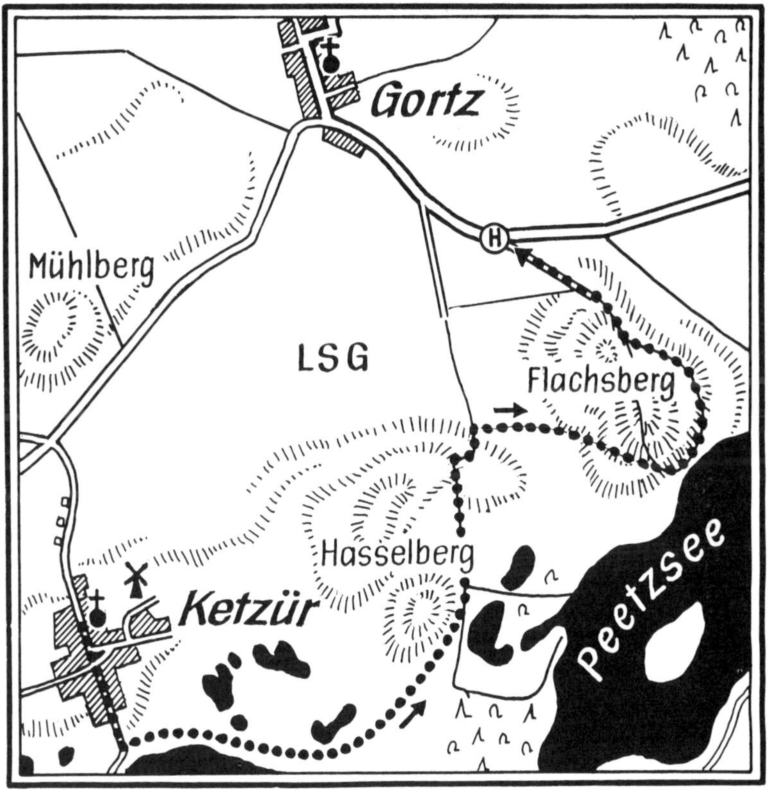
Gortz
Mühlberg
LSG
Flachsberg
Hasselberg
Ketzür
Peetzsee
H

Soßenpilz. Rechts zum Beetzsee hin stehen einige wenige Bungalows, zu denen eine Abzweigung führt. Wir bleiben auf dem Hauptweg, der jetzt in einen Fahrweg übergeht und nicht mehr grasbewachsen ist. Eine leichte Kurve führt an einer weiteren rechts gelegenen Tongrube vorbei, links in einer Senke ist ein Tümpel. Bis tief in den November hinein stehen an dieser Stelle die leuchtenden, blutroten Tupfen der Karthäusernelke. Sie finden sich immer an lichten Waldrändern und trockenen Rasenflächen.

Nun kann man den Flachsberg schon sehen. Er ist 65 m hoch. Der Weg wird jetzt beidseitig von Pflaumenbüschen gesäumt, er geht erst rechts, dann links herum gekrümmt weiter, bis wir rechts einen Weg genau auf den Flachsberg zulaufen sehen, den wir einschlagen.

Am Flachsberg angekommen, gehen wir rechts am Feldrain entlang weiter (die Ausssicht genießen!). Brandenburgs Kirchen sind am Horizont sichtbar und auf der Havel und von oben einsehbar die unter Naturschutz stehende Möweninsel. Wir treffen auf einen Weg, der uns einen Abhang hinunterleitet bis an den südlichen Fuß des Flachsberges und weiter um ihn herum. Seit über sechs Jahrzehnten ist der Berg ein beliebter Zeltplatz, der sich durch seine in den lichten Baumbestand hinein gesetzten Unterkünfte von anderen Campingplätzen angenehm unterscheidet. In den Sommermonaten kann man hier auch Rast und Einkehr halten; wer aber die Stille der Natur bevorzugt, sollte diese Wanderung zwischen Oktober und April machen.

Der Weg führt dann wieder vom Berg herunter – rechts ist der Hüselberg (66 m) bei Bollmannsruh zu sehen – und zur Bushaltestelle. Die eine befindet sich direkt unterhalb des Flachsberges an der Chaussee, wird aber im Winter nicht bedient, die andere am Ortseingang

Brösicke-Epitaph in der Dorfkirche von Ketzür

zu Gortz, von wo uns der Bus D 119 wieder in die Stadt bringt. Hier auch können wir noch zwei fast im Originalzustand befindliche Neubauernhäuser aus der Zeit der Bodenreform sehen, die nun unter Denkmalschutz stehen. Die Kirche von Gortz zeigt einen blendengeschmückten Ostgiebel an einem spätgotisch rechteckigen Feldsteinbau. Das gestufte Spitzbogenportal und ein kleines Fenster an der Südseite sind noch original. Die Kirche wurde nach einem Brand zwischen 1706 und 1724 wieder aufgebaut, daher stammt auch der Turm mit dem geschweiften Zeltdach.

Auf alten Verkehrswegen von Lünow nach Roskow

Diese 6 km lange Wanderung führt das erste Stück auf dem alten Bahndamm der Linie Brandenburg – Roskow und später die Alte Heerstraße entlang. Um zum Ausgangspunkt Lünow zu kommen, fahren wir mit dem Bus D 101 ab Brandenburg Trauerberg oder Neustadt Markt bis Endstation. Schon diese halbstündige Fahrt vermittelt uns einen Eindruck der Beetzseelandschaft, die sich allerdings mit dem, den seinerzeit die Bahnfahrt bot, in keiner Weise vergleichen läßt.

In Lünow angekommen, gehen wir in die Richtung, aus der wir kamen, zurück, bis sich eine Asphaltstraße auf der linken Seite öffnet, die nach wenigen Metern in einen befestigten Weg übergeht. Hier beginnen wir unsere Wanderung. Bald sehen wir rechterhand den alten Bahndamm in einem spitzen Winkel auf unseren Weg, der ganz leicht ansteigt, zulaufen und sich auf der anderen Seite fortsetzten. Um ihn zu erreichen, gehen wir links hinter den Telefonmasten kurz vor der Mitte der Anhöhe des Weges (der übrigens nach Weseram führt) an sehr unebenem Gelände, zur rechten Seite der Böschung, auf den Bahndamm zu. Augenscheinlich wurde hier vor Jahren an mehreren Stellen Erde entnommen und diese sind dann überwachsen. Die gesamte Zeit begleitete uns das Jubellied einiger Feldlerchen.

Durch die noch bis auf wenige Meter zwischendurch erhaltene Böschung zu beiden Seiten ist der Weg sehr geschützt. Wir erkennen teilweise noch in der Grasnarbe zu unseren Füßen die ehemaligen Schwellen, auch hier und da Schotter. Ein Fasanenhahn ruft, er ist in solchem Gelände oft anzutreffen, mitunter auch Rebhühner. Durch das geräuschvolle Auffliegen kann man sich leicht erschrecken. Auch Kiebitze sind zu hören. Vom Beetzsee her ist das Geschnatter der Graugänse zu vernehmen. Über uns kreist mauzend ein Bussard, und vor uns befindet sich ein Rohrweihenmännchen auf Jagd, leicht kenntlich an dem braunen Rückensattel im Grau des Federkleides und den schwarzen Schwingenspitzen.

An einer Stelle ist der Bahndamm bereits zugewachsen, wir umgehen die wenigen Meter an der linken Seite und bemerken auch, daß hier schon ein Fußpfad getreten ist. Der Damm zeigt einige typische Vertreter der Trockenrasenflora wie Silbergras und Sandstrohblume, dazu finden wir Feldbeifuß, Rainfarn und Zypressenwolfsmilch. Der Beifuß bildet eine große Pflanzenfamilie und hat viele Vertreter.

Auch der Wermut gehört dazu, der aber sofort durch seinen arteigenen Geruch vom Beifuß zu unterscheiden ist, und der Estragon, den wir im Garten haben. Der Feldbeifuß hat wesentlich schmalere Blätter als der Beifuß, den wir als Gewürz- und Heilpflanze kennen. Auch der Blütenstand ist zierlicher. Er hat sich auf dem gesamten Bahndamm in großer Zahl „angesiedelt".

An der linken Seite wachsen Kirsch-, Apfel- und Pflaumenbäume, die heckenartig mit Holunder, Schlehen sonstigen Feldgehölzen stehen.

Vom Mai bis Oktober finden wir zwischen dem Bodenkraut auch einen sehr wohlschmeckenden Pilz, der in großen Trupps, vor allem nach Regen, das Grün be-

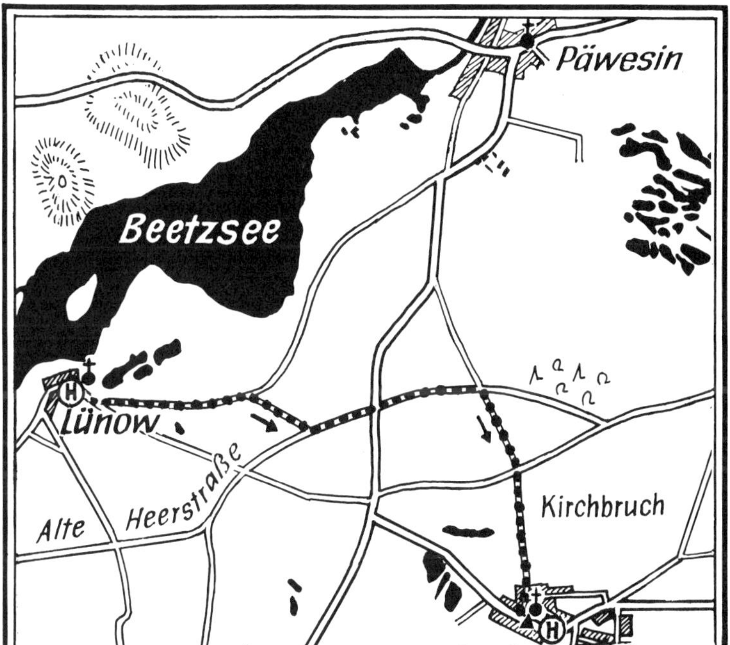
Päwesin
Beetzsee
Lünow
Alte Heerstraße
Kirchbruch
Roskow

lebt: den Nelkenschwindling. Es ist ein kleiner Pilz, dessen Hut ocker- bis ledergelb, anfangs schwach gewölbt, später ausgebreitet, einen Durchmesser von 3–6 cm hat. Der Stiel ist schlank gebaut, 4–8 cm hoch, blaß ockergelb und zäh, die Lamellen sind breit, sehr entfernt stehend und wechseln meistens gleichmäßig von einer kurzen zu einer langen. Sein Geruch ist angenehm würzig. Gesammelt wird nur der Hut. Der Nelkenschwindling ist ein vorzüglicher Speisepilz, besonders zu Suppen und Soßen zu empfehlen. Rißpilze, mit denen er verwechselt werden kann und die giftig sind, haben einen strahlig aufreißenden Hut und auch einen unangenehmen Geruch.

Vor uns sehen wir das Massiv der Götzer Berge und schräg rechts den Weseramer Kirchturm. Der Blick fällt auf die weite offene Landschaft, die von Einzelbäumen und Gebüsch durchsetzt ist. Rohr und kleine Wasserlachen zeigen uns an, daß wir kurz vor Verlassen des Bahndammes sind. 1965 wurde der Personenverkehr dieser Strecke eingestellt, der Güterverkehr wenige Jahre danach.

Wir stoßen auf einen Feldweg und biegen links ein. Dies ist die Alte Heerstraße, die im 10. Jh. angelegt wurde, bis Kiew führte und ganz selten Ortschaften berührte. Nach etwa zehn Metern zweigt der Weg; wir bleiben auf der alten Heer- und Handelsstraße und halten uns demzufolge links, während der Weg nach rechts uns nach Weserarm führen würde.

Linkerhand sehen wir den Flachsberg auf der anderen Seite des Beetzsees und hinten rechts schon den spitzen Kirchturm von Roskow, auf das wir uns in einem weiten Bogen von links zubewegen. Halblinks leuchten die Häuser von Päwesin in der Sonne. Die Fernverkehrsstraße von Nauen nach Brandenburg wird überquert und die Wanderung auf der anderen Seite fortgesetzt. Hier ist die Alte Heerstraße noch um einiges breiter. Alte, zerklüftete Pappeln säumen den Weg, rechts steht ein Wäldchen, aus dem wir etliche Vogelarten verhören können. Wir sehen auch bei etwas Glück in den alten Bäumen einen Kleinspecht, der lange nicht so häufig wie der Buntspecht unsere Flur belebt. Er ist starengroß, hat eine dicht schwarzweiß gebänderte Oberseite; das Männchen ist mit einem roten, das Weibchen mit einem weißen Scheitel versehen. Er ist wie alle unsere Spechte ein Standvogel, d. h. das ganze Jahr über im Lande.

Auf der Wegkreuzung wenden wir uns nach rechts, um Roskow zu erreichen. Wer indes möchte, kann weiter geradeaus bis nach Tremmen gelangen, das bereits zum Kreis Nauen gehört. In Tremmen selbst steht die größte Dorfkirche des ehemaligen Bezirkes Potsdam, sie hat zwei Zwiebeltürme, ist ein stattlicher Backsteinbau des frühen 15. Jhs. Der Ostgiebel ist mit reichem Blendenschmuck ausgestattet, am Westgiebel finden wir eine große, vom mittleren Strebepfeiler gestützte Außenkanzel. Man nimmt an, daß dieser Bau früher eine Wallfahrtskirche war. Von Tremmen aus kann man mit dem Bus bis Päwesin zurückfahren und dann mit der Buslinie D 108 bzw. 119 wieder nach Brandenburg gelangen. Von Lünow bis Tremmen dürfte es insgesamt 12 km sein.

Inzwischen sind wir auf dem Wege nach Roskow ein Stück vorangekommen und sehen die Kirchturmspitze aus den Dächern des märkischen Dorfbildes hervorwachsen.

Beiderseits des Weges stehen Felder und links ist der Zachower Berg auszumachen.

Zur Rechten ist auch hier wieder ein alter Tonstich, wie er in der gesamten Brandenburger Landschaft in großer Anzahl zu finden ist. Zur Linken haben wir das

Kirchbruch. Dies ließ Friedrich II. als Ersatz für die Havelwiesen trocken legen, um den Bauern von Roskow, Weseram und Kl. Kreutz nach vielen Beschwerden Genüge zu tun, die die Havelwiesen nach dem Bau des Mühlendammes in Brandenburg wegen ständiger Überschwemmung nicht mehr nutzen konnten. In Roskow kommen wir gerade gegenüber der Gaststätte in das Dorf. Die Bushaltestelle zur Rückfahrt in die Stadt befindet sich nach links hin.

Doch vorher gibt es in Roskow einiges zu betrachten. Der Ort wurde 1186 das erstemal urkundlich erwähnt. Durch Funde ist belegt, daß er einst eine slawische Siedlung war. Ursprünglich war das Dorf wie viele im Havelland Besitztum der Familie v. Bredow. 1650 ging es in den Besitz derer von Katte über. Gehen wir erstmal an der Bushaltestelle und der Kirche vorüber und wenden uns dem Schloß zu, das jetzt als Schule genutzt wird. Zusätzlich wurde aber vor ca. 12 Jahren ein neues Schulgebäude errichtet, das mit dem Schloß zusammen einen Komplex bildet. Das Schloß, oder auch Gutsgebäude, ist ein Barockbau aus der Zeit von 1723–27. Die Eingangspforte zieren zwei Katzen, die eine Maus in der Schnauze tragen, das Zeichen derer von Katte. Der Bau ist eine zweigeschossige Dreiflügelanlage mit abgewalmtem Mansardendach. Man achte auch auf die beiderseitigen Mittelrisaliten und den verzierten Giebel. Von dem ehemaligen Park ist nicht mehr viel geblieben, dennoch finden wir einige seltene und gut gewachsene Bäume, die uns die Anlage noch erahnen lassen.

Die Kirche, ein kreuzförmiger Putzbau von 1724, fesselt durch ihre Ungewöhnlichkeit unsere Aufmerksamkeit. Die Vierung ist ein oktogonaler Kuppelbau mit gebrochenem Dach. Der westliche Backsteinturm ist spät mittelalterlich mit einem oktogonalen (achteckigen)

Alter Tonstich

Spitzturm. Im südlichen Kreuzarm befindet sich die verglaste Patronatsloge, die Orgel im nördlichen Kreuzarm stammt noch aus der Erbauungszeit.

Wer mag, kann noch einen Spaziergang an die Havel unternehmen, indem er hinter der neuen Schule auf einem Plattenweg durch die Wiesen auf den Deich gelangt. Daselbst erreicht man nach links herunter binnen einer guten Stunde das Dorf Gutenpaaren, nach rechts aber Weserarm.

Man kann also den oben beschriebenen Weg in verschiedenen Spielarten gestalten, wie ja alle Wandertips Anregungen zu eigenem Erleben und Zusammenstellen von Routen sein sollen.

Von Lünow nach Päwesin

Zu dieser ca. 6 km langen Wanderung fahren wir vom Trauerberg oder Neustadt Markt aus mit der Buslinie D 101 bis zur Endhaltestelle Lünow. Auch an schönen, klaren Herbsttagen ist diese Wanderung gut zu unternehmen, zumal sie nicht allzu lang ist. Lünow, wo wir aussteigen, ist ein typisches Gassendorf, dessen erste Erwähnung auf das Jahr 1335 laut Urkunde im Stadtarchiv datiert ist. Der Ortsname kommt aus dem Slawischen und bedeutet soviel wie „Ort, wo es Weihen (Bussarde) gibt". Wir gehen in Fahrtrichtung des Busses weiter, der nach Verlassen der Fahrgäste eine Kehre macht und zurückfährt. Die Dorfkirche von Lünow ist ein Rechteckbau aus Feld- und Backstein, im Kern mittelalterlich von 1693, um 1800 umgebaut. Der Westturm ist neuromanisch. In dem ehemaligen Gutshaus befindet sich noch ein Kellergeschoß mit Stichbogentonne, das Hauptgeschoß mit Netzgewölbe ausgekleidet und der Fußboden aus alten Tonplatten gelegt.

Linkerhand sehen wir auf den Beetzsee, der zwischen einzelnen, sehr gepflegten Wochenendgrundstücken immer wieder hervorschaut, auch auf die in diesem See liegende, zur Stadt Brandenburg gehörende Möweninsel, die schon seit 1930 unter Naturschutz steht. Damit ist sie das älteste Schutzgebiet unseres Kreises. Ihren Namen erhielt sie durch die Lachmöwenbrutkolonie, die dort bis zum Jahre 1953 bestand. Warum die Möwen dann abwanderten, konnte bis heute nicht geklärt werden. Die Lachmöwe kann man überall bei uns beobachten. Im Frühjahr und im Sommer ist sie leicht kenntlich an dem braunen Kopf, der im Herbst und Winter wie bei der Sturm- und Silbermöwe weiß ist. Das Nest wird aus Pflanzenmaterial gefertigt und befindet sich am Boden. Meistens besteht das Gelege aus drei Eiern. Die Lachmöwe ernährt sich von Insekten, kleinen Fischchen und Amphibien, aber auch von Abfällen aller Art. Sehr häufig ist sie auf frischgepflügten Ackerflächen in großen Trupps zu sehen. Im Winter läßt sie sich gern in Städten durchfüttern.

Trotzdem steht die Insel weiterhin unter Naturschutz, da sich dort vom Aussterben bedrohte Reptilien, Lurche und Pflanzen befinden. Auf der Möweninsel darf demzufolge nicht gezeltet, gerastet oder mit dem Boot angelegt werden.

Auf der gegenüberliegenden Seite erkennen wir den Flachsberg, der „Gegenstand" einer der vorhergehenden Wanderungen. Er ist 65 m hoch, wie alle Berge um den Beetzsee als Folge der Eiszeit entstanden. Machte der Weg vorher eine Linkskrümmung, so windet er sich jetzt nach rechts, und wir befinden uns in einer typisch aufgelockerten Marklandschaft. Laubwald zur Linken, rechts Rohr- und Schilfbestände, Weiden und Einzelbüsche eingestreut. Das läßt weite Blicke zu, und wir folgen – evtl. auch mit Fernglas – den einzelnen Vögeln ins hohe Blau, freuen uns an den Graugänsen. Im Herbst kann man sie im Dämmer zu Hunderten zum See ziehen sehen, bzw. morgens zum Äsen auf die Felder. Graugänse wassern zur Nacht, da sie dort vor Raubzeug sicher sind.

Wir treffen dann auf eine Kreuzung und nehmen den

Päwesin
Beetzsee
Lünow
Alte Heerstraße
Kirchbruch
Roskow

ersten Weg links, der an einem Wassergraben entlangführt. Weißdorn, Hundsrosen mit leuchtenden Hagebutten, Stieleichen, Birken, Weiden, zum Teil alt und knorrig, stehen zur Seite, auch Pappeln. Der Weg führt uns durch einen Wald, der zur linken Seite aus einem Kiefernforst besteht und rechts Laubwaldbestände aufweist. Er geht dann in einen baumbestandenen Feldweg über, der von Pappeln gesäumt ist. Ein von links kommender befestigter Weg mündet in den unsrigen und führt uns an die Fernverkehrsstraße Nauen-Brandenburg. Wir überqueren die links liegende kleine Brücke, von wo uns ein baumbestandener mit Platten ausgelegter Weg bis nach Päwesin führt.

Von hier können wir mit dem Bus D 108 oder D 119 wieder nach Brandenburg zurückfahren.

Um den Riewend-See

Eine zu jeder Jahreszeit schöne Wanderung ist die von Riewend nach Päwesin, ca. 8 km. Sie bietet typische Landschaftsbilder auf oder über den Riewend-See, alte knorrige Eichen am Weg, Sumpfgelände, kleine Wasserläufe, Felder und Wiesen. Man sollte nur nicht einen stürmischen Tag wählen, weil der Wind ziemlich frei über die Ebene fegt.

Um nach Riewend zu kommen, benutzt man die Buslinie D 119 ab Trauerberg. Nach Verlassen des Busses geht man geradeaus, an der Kirche, die rechterhand zurückbleibt, vorbei, und wir bemerken, daß die Betonstraße schon gleich von einer mit gelben Ziegeln bepflasterten Straße abgelöst wird. Die Ziegel sehen alle schief und krumm aus, es sind Ausschußziegel, die man stets für den Straßenbau verwendete; die Qualitätsware dagegen für Brücken, Tunnel und Schornsteine. Hartbrandziegel wie diese sind von besonderer Festigkeit.

Um Riewend herum gab es wie überall in unserer Gegend etliche Ziegeleien. Der Ort selbst erhielt seinen Namen aus dem Slawischen von revat = brausender, tosender See. 1204 wird Riewend erstmals in einer Urkunde erwähnt (stagnis, qui dicunter Rewense). Die Kirche ist im Kern von 1718, der Turm wurde mit in das Schiff einbezogen. Sie wurde aber danach mehrmals umgebaut. Seit 1961 gehört Riewend zu Päwesin. Die Ziegelstraße gehen wir nur wenige Meter und biegen gleich rechts ab auf einen Sandweg, der am See entlangführt, von alten Weiden und später von Pflaumengebüsch gesäumt. Das Auge kann weit umherschweifen.

Auch diese Umgebung ist typisch für ein in der Eiszeit entstandenes Gebiet. Der Riewendsee, letzter Zipfel des Beetzsees, bildete einst mit dem Klein- und dem Groß-Behnitzer See eine geschlossene Wasserfläche von 30 km Länge, die als Schmelzwasserrinne aus der Eiszeit stammt. Das Gelände westlich des Sees ist eine Staumoränenlandschaft, in der Kies, Lehm, Tal- und Dünensand miteinander wechseln, während die Ostseite dieser Rinnenseen aus Grundmoränen besteht.

Auf dem Wasser erspähen wir Graugänse, im Frühsommer auch mit Nachwuchs. Neben den üblichen Stockenten, Bleßrallen und Höckerschwänen sind auch Tafel- und Reiherenten zu sehen. Manchmal aber zieht auch ein Fischadler hier seine Kreise. Er ist streng geschützt und darf keinesfalls beunruhigt werden.

Wir wandern immer geradeaus, unter zwei Überlandstromleitungen durch, bis wir an eine Kreuzung kommen. Hier kann man zwischen zwei Möglichkeiten wählen. Die erste führt uns am slawischen Burgwall vorbei nach Päwesin und beansprucht insgesamt zwei Stunden ohne Rastpause, die zweite ist um etwa eine Stunde länger und bietet statt des Burgwalls den äußersten Zipfel des Kreises Brandenburg nach Norden und mit diesem eine Besonderheit der Mark im Mittelalter, die weiter unten erläutert wird, und führt streckenweise auf einem der alten Heerwege zurück.

Befassen wir uns zunächst mit der ersten Variante:

Auf der Kreuzung angekommen, wenden wir uns

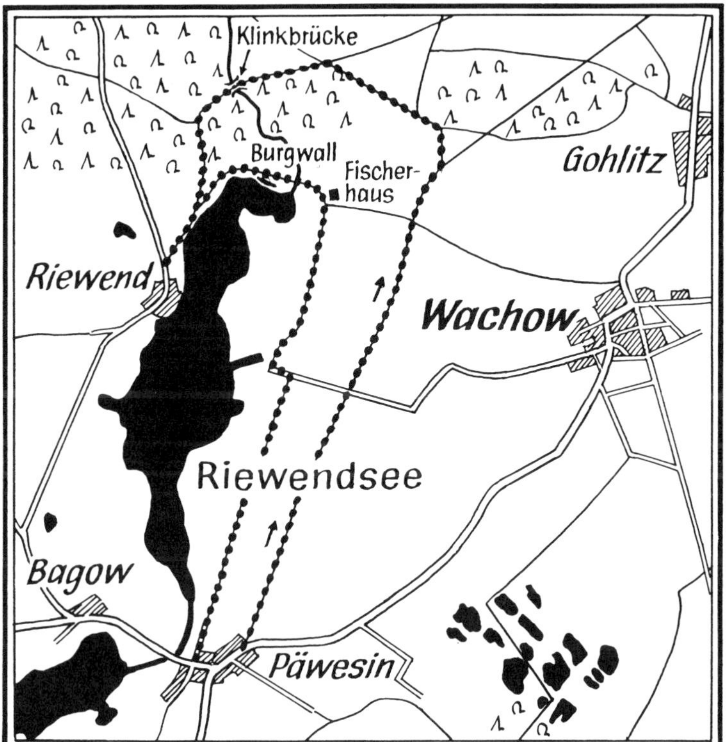
Klinkbrücke
Burgwall
Fischerhaus
Gohlitz
Riewend
Wachow
Riewendsee
Bagow
Päwesin

nach rechts. Dieser Weg führt direkt zum slawischen Burgwall. Auf dem Weg dahin erfreuen wir uns an den großen, alten Eichen.

Am Burgwall angelangt, bemerken wir gleich das kleine Schild, das darauf hinweist, daß es sich hier um ein Bodendenkmal handelt, das unter Schutz steht. Wenn es die Jahreszeit zuläßt, kann man hier auch, mit dem Blick auf den See, eine Rast einlegen.

Nach den Quellen zu schließen, wurde der Burgwall zwischen 900 und 910 von Slawen angelegt, die sich hier, von Sümpfen umgeben, eine Festung gegen die von der Elbe her anstürmenden Sachsen schufen. Ein Modell dieser alten Slawenburg, wie sie einmal ausgesehen haben mag, ist im Museum in der Hauptstraße zu Brandenburg zu besichtigen. Von Prof. Goetze wurde seinerzeit ein Querschnitt durch den Ringwall gemacht und der Aufbau festgestellt. Auf einem Schwellenrost von Eichenpfählen (man schätzt, daß 3800 laufende Meter starkes Eichenholz, ebensoviel Meter schwächeres Stammholz und 12.000 laufende Meter Stangenholz verbraucht worden sind) wurde mit Handkarren Erde aufgeschüttet und Hölzer eingelegt, um die lockeren Erdmassen zu versteifen und die Böschung steiler zu halten. Um den äußeren Rand des Walles wurde noch eine Wand spitzer Pfähle eingerammt und der Wallfuß durch eingelegte Reisigbündel abgesichert. Der Wall bildete eine große Ellipse von etwas über 100 Meter Länge, 90 Meter Breite und 3,5 Meter Höhe. In halber Höhe des Walles wurde ein kleiner Graben gezogen, in den dicke Fichtenstämme, dicht nebeneinander gestellt, eingebettet wurden, sodaß sie eine 3 Meter hohe Palisade bildeten. Auf der Krone des Walles erhob sich ein hölzerner Wehrgang, der durch Querbalken mit der Palisadenwand verriegelt wurde. Diese Querbalken trugen zugleich den Boden für die Verteidiger, denen die obere Hälfte der Palisadenwand als Brustwehr diente. Im Innern des Walles standen die Hütten der Bewohner, der Platz in der Mitte blieb frei.

Im Winter 928/29, als See und Sumpf fest zugefroren waren, wurde die Burg erobert und dieser Platz danach nie wieder besiedelt, auch nicht, als die Slawen 983 das Havelland zurückeroberten.

Nachdem wir auf dem Burgwall verweilten, gehen wir den Weg, den wir kamen, wieder zurück, bis wir rechts Fahrspuren im hohen Gras bemerken und ihnen über den Klinkgraben zum Deich folgen, auf dem wir unsere Wanderung fortsetzen, bis an dessen Ende.

Hier oben auf dem Deich fällt uns eine Pflanze auf, die unschwer als Schmetterlingsblütler zu identifizieren ist. Sie blüht gelb in dichten Trauben, die Blätter bestehen aus eiförmigen, paarig gefiederten Einzelblättern. Die Früchte zeigen schwach gebogene Hülsen, die an Bärenkrallen erinnern. Und daher auch hat dieses Gewächs seinen Namen, es ist die Bärenschote. Sie ist bei uns sehr selten anzutreffen.

Im Schilf nistet der Teichrohrsänger und auch die Rohrammer. Das Rohrammermännchen erkennt man am schwarzen Kopf und der schwarzen Kehle, dem weißen Nackenring und dem ebenfalls weißen Bartstreif. Beim Weibchen ist der Kopf braun, Überaugenstreif und Kehle sind gelblich. Die Rohrammer ist an Feuchtgebiete aller Art gebunden. Das Nest wird an einer trockenen Stelle im Boden ab Mitte April angelegt und für zwei Bruten von je 5–6 Eiern benutzt. Teilweise überwintert die Rohrammer auch bei uns; es kann also vorkommen, daß wir einen solchen Vogel auch zwischen Oktober und März antreffen.

Am Ende des Deiches kommen wir am Fischerhaus

vorbei. Es gehört zu Wachow im Kreis Nauen seit 1931, wir wandern an dieser Stelle also auch kreisüberschreitend. In diesem Zusammenhang noch eine Merkwürdigkeit. Der gesamte Beetzsee mit seinen Buchten und Einschnürungen (Lünower und Päwesiner Streng) bis einschließlich zum Riewendsee gehört zum Stadtkreis Brandenburg, die Ufer aber und das dahinter liegende Gebiet zum Landkreis Brandenburg.

Wir halten uns weiter rechts (der Weg, der links abgeht, führt nach Wachow) und kommen auf einen mit Eichen und Birken bestandenen Fahrweg, linkerhand etwas Wald. Wir bleiben auf dieser Strecke immer geradeaus, nehmen später den ersten Weg rechts, der uns zielgerichtet nach Päwesin bringt, von wo wir entweder mit der Buslinie D 108 oder D 119 wieder nach Brandenburg zurückkehren können.

Päwesin wurde erstmals 1197 erwähnt (Marsilius, Priester von Posyn). Die Kirche wurde von Heins aus Brandenburg 1727–28 in Formen der Berliner Schule gebaut. Der Turm trägt eine Schweifhaube; der Putzbau fällt durch seine einheitliche Gliederung auf. Bis Anfang der 70er Jahre gab es hier auch noch eine gut erhaltene Ziegelei einschließlich eines Ringofens. Schade, daß dieser Industriebau nicht rechtzeitig unter Denkmalschutz gestellt wurde und verlorenging.

Nun zur zweiten Variante:

Begeben wir uns noch einmal zurück bis an die Kreuzung, von Riewend kommend. Kreuzungen waren ja immer schon Scheidewege. Diesmal schwenken wir nicht nach rechts, sondern gehen weiter geradeaus und halten uns immer auf diesem Weg, bis wir an einen Wasserlauf kommen, den eine hochbogige Brücke überquert. Das ist die Klinke und die Klinkbrücke. Diesem Ort kommt hi-

Slawischer Burgwall bei Riewend

storische Bedeutung zu. In alten Urkunden findet sich immer wieder die Angabe: das Gericht to de Klinke. Man nimmt an, daß in dieser Gegend das Oberste Gericht der Mark Brandenburg getagt hat und zwar 2–3 mal jährlich. Im allgemeinen wurden hier Streitigkeiten zwischen dem Adel und dem Markgrafen, aber auch den Städten, geklärt. Außerdem konnte nur dieses Gericht Todesurteile aussprechen, die Landgerichte und Städte verhängten nur kleinere Strafen. Das Gericht to de Klinke war von keiner Stadt abhängig. Man hatte den günstigsten Platz zwischen Spandau, Berlin und Brandenburg gewählt und urteilte nach Magdeburger Recht. Dieses wiederum beruhte auf dem Sachsenspiegel, dem ältesten und bedeutendsten Rechtsbuch des Mittelalters, zusammengestellt von dem anhaltinischen Ritter Eike von Repgow zwischen 1220 und 1232. Erst ab 1315, als Markgraf Johann II. bestimmte, daß alle märkischen Städte ihr Rats- und Schöppenrecht, d.h. ihre Rechte sowohl in Bezug auf die Stadtverwaltung als auch auf die Rechtsprechung, von Brandenburg holen sollten und somit der Schöppenstuhl zu Brandenburg der Oberste Gerichtshof für die Mark war und das für rund 500 Jahre, wurde an der Klinke nicht mehr Gericht gehalten.

Nachdem wir – in der warmen Jahreszeit bietet sich der Platz an dem freundlichen Gewässer zu einer Rast an – die Brücke überschritten haben, gehen wir weiter geradeaus. Linkerhand begleitet uns eine wallartige Böschung.

Der Weg stößt dann rechtwinklig auf einen Feldweg, und hier biegen wir rechts ein, um dem Weg, vorbei an alten Eichen in sehr aufgelockerter Landschaft, zu folgen. Im Juli und August finden wir zu Seiten des Weges eine Pflanze, deren Blüten durch ihr Blau besonders auf uns wirken. Das ist die Wegwarte. Paracelsus sagte, daß ihre Blüten sich nach der Sonne drehen und daß ihre Kraft im Sonnenschein am höchsten sei, daß sich aber ihre Wurzel nach sieben Jahren in einen Vogel verwandle.

Die Wegwarte ist der Sage nach eigentlich eine Jungfrau, die im Gram um ihren fortgegangenen Liebsten solange am Wege auf ihn wartete, bis sie zur Blume wurde. Eine andere Sage erzählt, daß ein Mädchen sieben Jahre lang um ihren in der Schlacht gefallenen Geliebten weinte, und dann, als man sie bereden wollte, einen anderen Mann zu wählen, antwortete: „Eh als ich lass das Weinen stehn, will ich lieber auf die Wegscheid gehn, ein Feldblum dort zu werden." Die Sagen um die Wegwarte scheinen sehr verbreitet zu sein, sie erscheinen landläufig und in vielen Varianten. Die Wegwarte blüht, der Sage nach, des Morgens dunkelblau, des Mittags lichtblau und des Abends weißlich. Tatsächlich ist es das reine Lichtblau, das uns so anziehend vorkommt. Als durch die von Napoleon verhängte Kolonialsperre 1836 der Kaffee ausging, mußte die Wegwarte als Kaffeersatz herhalten. Sie wurde feldmäßig angebaut, und aus ihren dick angeschwollenen Wurzeln stellte man den Zichorienkaffee her. Die Wegwarte wird aber auch als Heilmittel und in der Kosmetik verwendet.

Der Weg ist teilweise durch kleine Steine befestigt, geht dann rechts herum und läuft ansonsten als wenig benutzter, grasbewachsener Weg weiter, verbreitert sich nach der Biegung und wird rechts und links von hohen Bäumen gesäumt. Links sehen wir die Orte Gohlitz und Wachow liegen. Nachdem wir eine Kreuzung überquert haben, wird der Weg noch breiter. Solche Ausmaße sind wir von normalen Feldwegen nicht gewöhnt. Das wird sogleich verständlich durch den Hinweis, daß wir uns auf dem Alten Heerweg Nauen – Brandenburg befinden.

Wir kennen ja bereits mehrere solcher Alten Heerstraßen, doch ist dies wohl die breiteste. Bequem konnten sich hier zwei rumpelnde Planwagen mit einem Geleit von Reisigen begegnen.

Wir sehen vor uns eine Gabel und wählen den linken Zweig, d.h. eigentlich gehen wir weiter geradeaus und kümmern uns um den halbrechts abgehenden Weg nicht weiter. Wieder führt uns die Strecke über eine Kreuzung hinweg. Danach ist der Weg von beiden Seiten mit Pappeln bestanden, ehe er später, leicht hügelan, auch grasbewachsen, linkerhand von Pflaumengehölz begrenzt wird. Rechts sehen wir auf den Riewendsee und halbrechts vor uns grüßt der Mühlenberg bei Bagow herüber. Bald haben wir Päwesin erreicht und kommen auf der Straße „Nauener Weg“ in den Ort, von wo wir mit einer der beiden Buslinien unsern Rückweg antreten.

Durch die Beckenlandschaft des Marzahner Fenns

Die nachstehend beschriebene Wanderstrecke kann man von verschiedenen Orten aus beginnen, je nach Länge individuell. Zu ersehen ist das aus dem nachfolgenden Text. Wir wollen in diesem Fall von Radewege aus beginnen und bis Marzahne wandern.

Nach Radewege bringt uns die Überlandlinie D 119, wir steigen am Trauerberg oder Puschkinplatz in den Bus. In Radewege angekommen, gehen wir in die Richtung, aus der wir kamen, zurück durch den Ort, der 1173 erstmalig erwähnt wurde. Dabei kommen wir auch an der Kirche vorbei, die sich als spätgotischer kreuzrippengewölbter Feldsteinbau mit Backsteinkanten und dreiteiligen Spitzbogenfenstern präsentiert. 1756 wurde eine zwiebelförmige Kuppel dem Turm aufgesetzt, die im Mai 1973 durch Blitzschlag abbrannte. Das heutige Turmdach wurde im Mai 1975 fertiggestellt. In der Gemarkung Radewege künden altslawische Funde von ausgedehnten Siedlungsflächen aus dem 7./8. Jh., die aber jetzt von Bungalows überbaut sind. Der Name dieses märkischen Dorfes ist nicht eindeutig zu klären, möglicherweise ist er auf das slawische rad = tätig und ved = wissen zurückzuführen.

Wir biegen an der Gaststätte rechts ein (geradeaus geht es nach Brielow), weiter zum Ausgang des Ortes hin. Während die Chaussee einen Linksbogen macht, halten wir uns jetzt geradeaus und betreten den breiten Feldweg. Dieser führt über eine Hügelkuppe (von Einheimischen Molkenberg genannt) hinweg ins freie Land. In dem kleinen Wäldchen auf diesem Berg ist auch der Bussard zu Hause.

Dieser Weg führt geradewegs zum Marzahner Fenn, wir aber biegen nach links ein, am Feldgehölz vorbei (Pflaumenhecke), und gelangen ebenfalls an die „Fennstraße“, wie es noch in alten Büchern steht. Das ist nicht viel weiter, aber schöner und eröffnet uns einen besseren Blick auf das gesamte Fenn.

Das Wort Fenn kommt aus dem Norddeutschen und bedeutet Moor bzw. Hochmoor, auch Sumpf.

Das Marzahner Fenn ist ein in der Eiszeit entstandenes Zungenbecken, das von aufgepreßten Hügeln umsäumt wird. Der erste, gleich rechts an der Ecke, wo wir am Fenn stehen, ist der Fichtenberg.

Die gesamte Ebene vor uns war noch um die Jahrhundertwende herum ein sumpfiges Gewässer. Einer unserer ältesten Wanderfreunde, heute über neunzig Jahre alt, erzählte, daß er dort in seinen Kindertagen Schlittschuh lief. Im Ersten Weltkrieg wurde das Fenn durch russische Kriegsgefangene melioriert und danach als Wiesen- und Weideland genutzt, wie es bis heute teilweise der Fall ist.

Einer der Russen versuchte zu fliehen, kam aber nicht weit und wurde erschossen. Sein Grab ist am Waldrand weiter südlich zu finden. Eine schlichte Metallstele gibt Auskunft über Name und Todestag: Daniel Grigorjewitsch Kowolenko – 20. 6. 1916.

Der Wasserabzugsgraben führt bis zu den Radeweger Tongruben. Er wurde später verkürzt, aber der ur-

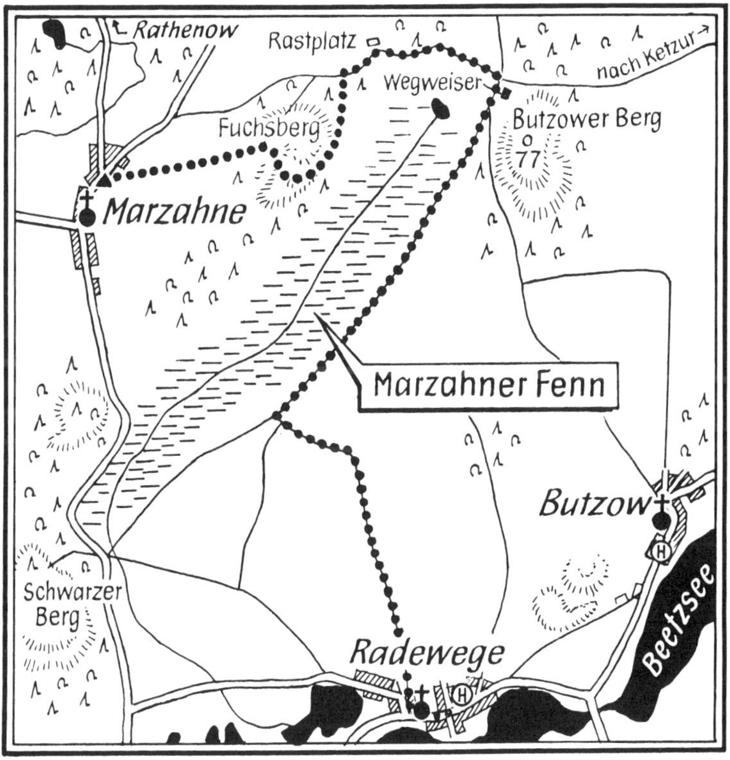
Rathenow
Rastplatz
nach Ketzur
Wegweiser
Butzower Berg
77
Fuchsberg
Marzahne
Marzahner Fenn
Butzow
Schwarzer Berg
Radewege
Beetzsee

sprüngliche Verlauf ist noch sichtbar und teilweise wasserführend. Noch heute heißt er Russengraben.

Jahre danach wurde das Wiesengelände umgebrochen und mit Getreide- und Hackfrüchten bestellt. Während zuerst gute Erträge erzielt wurden, gingen sie später zurück, weil ein sogenannter Vermullungsprozeß einsetzte und den Boden verschlechterte.

Auf den für die landwirtschaftliche Nutzung tiefgreifend entwässerten Niedermoorstandorten treten unerwartet schnell verlaufende Bodenveränderungen ein. Eine Entwässerung führt zu Sackung, Schrumpfung und Mineralisierung. Durch Graslandumbruch, intensive Nutzung und Düngung wird der Prozeß noch forciert. Es kommt zu einer Tieferlegung der Oberfläche und dadurch zur erneuten Vernässung. Stärker austrocknender Torfboden bildet im oberen Teil krümeligen, kohlengrusartigen Mull, der keine Feuchtigkeit mehr von den unteren Schichten ziehen kann und zur Moordegradierung führt.

In den letzten Jahren wurde im Marzahner Fenn Torf für die Landwirtschaft gebaggert, und eine größere Wasserfläche entstand, die wir ebenfalls sofort erblicken. Hieraus ergab sich ein neuer Lebensraum für Lurche, Insekten, Fische und Vögel sowie eine typische Uferrandflora.

Unser Weg führt rechts herum an der Ostseite des Fenns entlang. Heidelibellen, kenntlich an dem roten Leib, umschwirren uns, und die Karthäusernelke setzt karminrote Punkte zwischen die üblichen Wildkräuter am Weg. Auffallend ist der reiche Bestand an Greifvögeln, die in der weiten Ebene ein großes Nahrungsangebot finden. Auch Kolkraben lassen sich schnell ausmachen.

Von rechts mündet jetzt ein Weg in den unseren. Das

ist jener, der geradeaus verlief, bevor wir, von Radewege kommend, links einbogen.

Laute, mehrere „Kie-wit"-Rufe lassen uns aufhorchen, und schon erkennen wir auch, woher sie kommen, nämlich von einigen Kiebitzen. Der Kiebitz ist leicht an seinem Federschopf, dem schwarz-weißen, oberseits grünlich schillerndem Gefieder, an den breiten Flügeln und dem Gaukelflug zu erkennen. Wir haben sie aufgescheucht, sie fliegen ein Stück weiter und lassen sich alsbald wieder nieder. Der Kiebitz ist oft auf Äckern, aber auch auf feuchten Wiesen anzutreffen. Er brütet am Boden. Die Eier liegen wie bei allen Limicolen (Wat- bzw. Schlammvögel von lat. limus = Schlamm) mit der Spitze zur Nestmitte gerichtet. Die Jungen gehören zu den Nestflüchtern und sind nach fünf Wochen erwachsen. Der Kiebitz kommt Anfang März aus West- und Südwesteuropa, wo er überwintert, zurück und bleibt bis in den Spätherbst.

Wir überqueren eine Kreuzung. Der von rechts kommende Weg ist jener, der von Butzow aus zum Marzahner Fenn führt. Aus dem Gehölzstreifen fliegen plötzlich einige Rebhühner auf und erschrecken den Wanderer durch das unerwartete Fluggeräusch. Das Rebhuhn bewohnt Feldfluren, in denen Hecken und Büsche ausreichend Deckung bieten. Weil sehr viele Feldgehölze der Großraumwirtschaft weichen mußten, wurde dem Rebhuhn der Lebensraum genommen, und die Art ging stark zurück. Deshalb wurde das Rebhuhn zum Vogel des Jahres 1991 erklärt. Zum anderen braucht das Rebhuhn zur Aufzucht seiner Jungen verschiedene Insekten, die sich auf den bisherigen großen Schlägen der LPG'n mit Monokulturen auch nicht fanden. Vielleicht bessert sich das Nahrungsangebot und auch der Lebensraum dieses Vogels durch Neuanpflanzung von Hecken.

Wir kommen jetzt durch Mischwald und bemerken linkerhand eine Änderung der Vegetation. Sumpfpflanzen sind zu erkennen. Wir nähern uns dem Ende des Marzahner Fenns. Wer will, mag links einbiegen und einen kleinen Exkurs zu den von dem einstigen Fennsee verbliebenen, recht versumpften Wasserflächen machen.

Dieses Gebiet ist 1991 unter Naturschutz gestellt worden und ist 52 ha groß. Das Schild mit der bekannten Naturschutzeule sehen wir etwas später auch an einem Baum. Das bedeutet, daß wir uns still zu verhalten haben und auch den Weg nicht verlassen dürfen.

Natürlich fallen uns die großen Masten einer Überlandleitung ins Auge, die so gar nicht in ein Naturschutzgebiet passen wollen. Sie wurde aufgrund einer Fehlentscheidung zu DDR-Zeiten konzipiert und mit den Arbeiten dazu begonnen, um Westberlin von Helmstedt aus mit Strom zu versorgen. Lockerer Waldbestand ist zu Füßen eines Berges zu finden, der sich rechts am Weg erhebt. Das ist der Butzower Berg, 76 m hoch. Wer Lust hat, sollte ihn „besteigen" und den Ausblick genießen.

Gleich darauf stehen wir auf einer sehr sandigen Kreuzung, rechterhand sehen wir noch einen alten Sandsteinwegweiser, deren es in der Feldmark zwischen Mötzow– Grabow–Weseram und in der Bagower Heide mehrere gibt. Dieser hier ist leider nur noch schlecht zu entziffern und obendrein auch noch beschmiert worden. Schade, daß man solche Zeugen der Vergangenheit so wenig achtet und schützt.

Wir biegen nun links ab und bemerken hier die schon erwähnte Naturschutzeule. Rechterhand lassen sich Talsanddünen feststellen, von Latschenkiefern in Einzelgruppen bewachsen, die sich bis ins Kieker Fenn fortsetzen. Solche Talsanddünen finden wir auch bei Rie-

*Das Marzahner Fenn
im Hintergrund der Fuchsberg*

wend in Richtung Klinke. Sie sind typische Relikte der Eiszeit. Der Weg führt uns weiter durch Kiefern-Mischwald. Besonders fällt uns hier die vorherrschende Traubenkirsche auf, die durch Vögel verbreitet wird. Ihre schwarzen Beeren weisen einen sehr herben Geschmack auf, sind aber eßbar.

Zwischendurch bietet sich ein weiter Blick auf das gesamte Marzahner Fenn von Nord nach Süd, während unsere Strecke etwas linksbogig auf ein Wäldchen zugeht. Hier ist auch ein kleiner Rastplatz für Wanderer unter einer großen Eiche eingerichtet worden. Hoffentlich macht dieses Beispiel auch in anderen Regionen unseres Kreises Schule.

Am Waldrand geht der Weg nach rechts weiter, aber wir wenden uns nach links. Hier führt ein sehr bewachsener, aber breiter Weg etwas abwärts und verläuft nach wenigen Metern immer in einer Rechtskurve weiter. Damit verlassen wir das Fenn und erfreuen uns an dem lockeren Waldbestand, der linkerhand eine Schonung zeigt, rechts hohe Kiefern, dazwischen verschiedene Pilze, deren Hüte aus dem Gras leuchten. Immer noch begleitet uns der Bussard.

Bald mündet der Weg in einen Fahrweg, den wir nach links hin in Richtung Marzahne betreten. An der nächsten Weggabel halten wir uns rechts; würden wir die linke Abzweigung benutzen, kämen wir weitwinklig ab und erst hinter unserem Ziel an die Straße.

Die rechte Gabel bringt uns dann aus dem Wald heraus, der uns zwar zur Rechten noch etwas begleitet, aber dann aufhört. Auch hier wie schon anderswo Lesehaufen, von den Feldern gesammelte Steine aller Größen und Farben. Es lohnt sich immer wieder, die farbige und strukturmäßige Vielfalt dieser Granitstücke zu bewundern und auch, Windkanter zu entdecken.

Schon einige Zeit grüßt Marzahne, inmitten die Kirche, zu uns herüber. Das letzte Stück ist eine Art Hohlweg. Hier kann man zur Winterzeit Dompfaffen und Seidenschwänze beobachten. Wir erreichen das Dorf am nördlichen Ausgang und können hier auch gleich in der Gaststätte „Marzahner Eck“ Einkehr halten, ehe wir nach links in den Ort und zur Bushaltestelle einbiegen.

Der Name Marzahne kommt von marcana = Sumpf, aus dem Slawischen. Die erste urkundliche Erwähnung läßt sich schon für das Jahr 1186 nachweisen. Von 1194–1872 gehörte Marzahne dem Domkapitel zu Brandenburg, 1399 und 1419 wurde das Dorf von Hörigen des Magdeburger Erzbischofs überfallen und verwüstet. 1607 brannte die Kirche völlig aus. 1860 ist auch eine Ziegelei zu finden, die Tongruben liegen an der Straße nach Pritzerbe. Ebenfalls gab es zwei Windmühlen in Marzahne, von denen aber leider nichts mehr nach ihrem Abbruch zu finden ist. Die heutige Kirche stammt aus der Zeit nach dem Brand von 1607, allein der rechteckige Feldsteinbau ist noch mittelalterlich. Der Rechteckchor wurde durch reich profiliertes Holzbalkengesims erhöht und stellt somit innerhalb der Kirchen des Landkreises Brandenburg eine Besonderheit dar. Sehr deutlich läßt sich das heute noch erkennen. Der breite Westtrum ist spätgotisch, seinen Abschluß erhielt er 1831.

Marzahne ist ein reines Straßendorf, das ein sehr gepflegtes Ortsbild bietet. Zu beiden Seiten der Häuserzeilen, sie vom Fahrdamm abgrenzend, stehen Mehlbeerbäume. Der Mehlbeerbaum wird nur bis zu 15 m hoch und eignet sich daher gut zur Bepflanzung einer Dorfstraße. Im Mai blüht die Mehlbeere und zeigt weiße Rispendolden. Die Staubblätter werden auffallend lang. Im Herbst fallen die scharlachroten Beeren immer auf und werden oft mit den Früchten der Eberesche verwechselt.

Auf der Rückfahrt von Marzahne nach Brandenburg können wir noch öfter einen Blick auf das Fenn werfen, das wir jetzt so gut wie vollständig umrundet haben.

Von Fohrde nach Marzahne

Eine kurze, aber sehr reizvolle Wanderung von rund 6 km Länge ergibt der Wiesenweg von Fohrde über Hohenferchesar nach Marzahne durch die Niederung des Pritzerber Sees.

Dieser Weg wird von der Landbevölkerung als der kürzeste zwischen den genannten Orten auch heute noch viel genutzt. Da die Fohrder Wiesen rechts des Weges seit 1988 als Brutvogelschongebiet ausgewiesen sind, ist dieser Weg für den Besucherverkehr vom 15. März bis 15. Juli gesperrt.

Man kann die Wanderung auch teilen und zwei Spaziergänge daraus machen, von Fohrde nach Hohenferchesar, von wo man mit dem Bus D 114 wieder nach Brandenburg kommen kann, und von Hohenferchesar dann nach Marzahne. Eine andere Variante wäre: mit dem Zug oder auch dem Pkw nach Fohrde zu fahren und über Hohenferchesar in einem Bogen wieder an den Ausgangspunkt zurückzukehren.

Vom Bahnhof Fohrde gehen wir in Richtung des Ortes, überqueren die B102 und gehen die Bahnhofstraße bis ans Ende. Hier biegen wir rechts ab auf die Kirche zu und dort wieder links in die Hauptstraße. Die Kirche ist ein barocker rechteckiger Putzbau von 1765, wie die Inschrift in der Wetterfahne zeigt.

Fohrde wurde auf einer Talsandfläche, einer Ablagerung der Eiszeit, erbaut. Der Name kommt aus dem Flandrischen und bedeutet soviel wie Durchfahrt, Durchgang, schmaler Dammweg, Watstelle. Der eigentliche Durchgang bzw. die Fahrt durch den Pritzerber See befand sich jedoch ursprünglich weiter nördlich des heutigen Ortes. Aus einer Bestätigungsurkunde des Bischofs Gernand und des Papstes Gregor IX. vom 4. 2. 1227 ist zu ersehen, daß der Ritter Daniel von Kukede drei Hufen in „Verden" oder „Vorden" dem Brandenburger Domkapitel geschenkt hat. Im Landbuch Kaiser Karls IV. von 1375 wird der Ort als Vorde bezeichnet; seit 1861 heißt er amtlich Fohrde.

Wir wandern durch den Ort in gerader östlicher Richtung und biegen dann links in einen Feldweg ein. An der ersten Gabel halten wir uns links, an der darauffolgenden zweiten Gabel aber rechts. Dieser Weg führt uns auf einen sich schlängelnden Wiesenweg. Wir haben es hier mit einer luchartigen Landschaft zu tun. Auf der linken Seite erstreckt sich der Pritzerber See, der auch eine Verbindung zur Havel hat. Von rechts schauen die Erhebungen des Gallberges und des Schwarzen Berges zu uns herüber. Zu beiden Seiten unseres Weges stehen die verschiedensten Gräser wie auch Wiesen- und Heilpflanzen. Die alten Silberweiden am Wege geben etwas Schatten. Im Seichtwasser der Fohrder Wiesen können wir nach beendeter Brutperiode noch Stockenten, Schwäne und Graugänse beobachten. Die dort brütenden Limikolen haben das Gebiet bereits verlassen. Nicht selten sind dort auch Bussarde zu sehen, die mit ihrem hellen Jagdruf auf sich aufmerksam machen. Im Rohrgürtel des Sees nisten Rohrweihen und sind durch ihren meist niedrigeren Flug und die Flughaltung von anderen Greifen zu unterscheiden. Große Freude macht es, hier

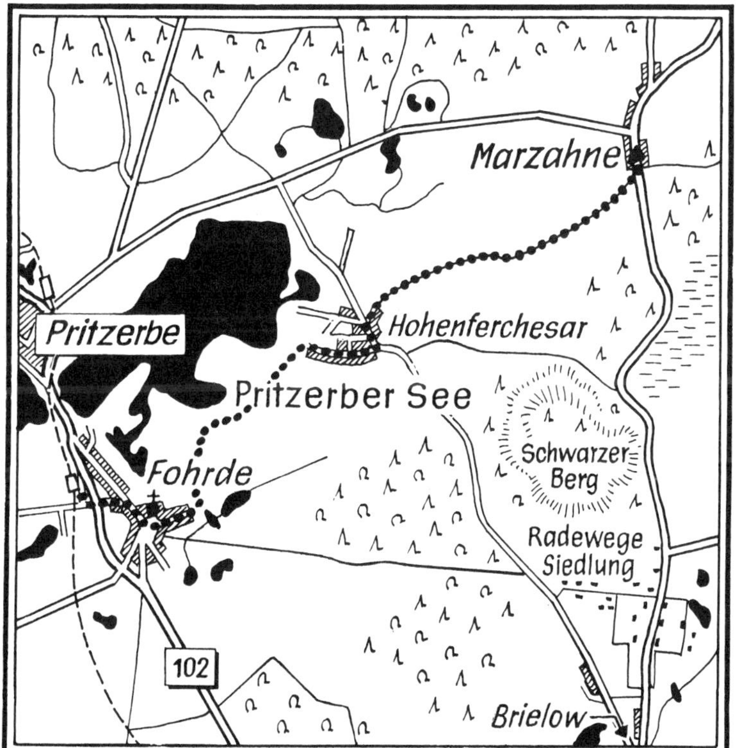
Marzahne
Hohenferchesar
Pritzerbe
Pritzerber See
Fohrde
Schwarzer Berg
Radewege Siedlung
102
Brielow

und da einen Storch auf Nahrungssuche durch den Sumpf waten zu sehen. In Pritzerbe, in Fohrde und in Hohenferchesar nistet jährlich ein Storchenpaar. Im Herbst kann man sie mit dem flüggen Nachwuchs im Gelände sehen.

Schnell ist der Ort Hohenferchesar erreicht, dessen Kirchturm uns schon lange als Zwischenziel winkte. Hohenferchesar wird zum ersten Mal als Verchiezere in einer Urkunde des Bischofs Balderam von Brandenburg 1186 erwähnt. Seinen jetzigen Namen erhielt es auf eigentümliche Weise. 1541 findet sich im Landsteuerregister der Name Niddern Forgeser (flandrisch), eingedeutscht Niedriger Fehrgesar, weil es in einer Niederung am See liegt. Später wurde es nur als Ferchesar beurkundet. Nördlich von Rathenow gibt es ebenfalls einen Ort Ferchesar, auch an einem See. Beide Orte hatten ursprünglich keinen Vorsatz. Um die gleichnamigen Dörfer zu unterscheiden, gab man dem Ort bei Rathenow, da er auf einer Anhöhe gelegen war, den Namen Hohenferchesar. 1901 wurden die beiden Ortsnamen (nach W. Specht, Havelland 1935) durch einen Potsdamer Regierungsbeamten versehentlich verwechselt und, da dieser Irrtum nicht mehr rückgängig zu machen war, heißt nun der Ort im Landkreis Brandenburg Hohenferchesar.

Die Dorfkirche stellt einen rechteckigen Putzbau mit dreiseitigem Ostschluß und quadratischem Westturm von 1830 dar.

Wir wenden uns vom Wiesenweg her in die Dammstraße, an der Kirche vorbei – rechts auf einer Scheune auf den Storchenhorst achten! –, und lassen den Mühlberg, der ein bronzezeitliches Urnengräberfeld barg, links liegen. In der Lindenstraße, die parallel zur Dammstraße verläuft, kann man in einer Gaststätte einkehren.

Die Dammstraße führt uns auf die Hauptstraße des Ortes, in die wir links einbiegen.

Wer nicht nach Marzahne wandern, sondern die Ringwanderung machen möchte, geht noch ein Stück geradeaus weiter, wendet sich dann nach rechts und nimmt die Abzweigung halbrechts. Auf diesem Wege kommt man wieder nach Fohrde zurück.

Bevor wir in die breite Straße nach links einbiegen, schauen wir noch einmal auf den Schwarzen Berg, der dem umliegenden Gebiet mit 88 m Höhe das Gepräge gibt.

Um den Schwarzen Berg rankt sich folgende Sage:

In alten Zeiten soll sich auf dem Gipfel des Berges ein Schloß erhoben haben, das einem reichen Edelmann gehörte, der eine schöne Tochter hatte. Ein mächtiger Zauberer begehrte diese zur Frau, aber das Mädchen wollte ihn nicht. Da versenkte der Zauberer das Schloß tief in die Erde. Alle hundert Jahre am Johannistag (24. 6.) erscheint die Jungfrau und wartet auf ihre Erlösung. Die aber kann nur durch einen jungen unschuldigen Mann erfolgen, dessen Wiege aus dem Holz von Bäumen gefertigt wurde, die auf dem Schwarzen Berg gewachsen sind. Ein junger Hirte, der diese Bedingungen erfüllen konnte, machte sich am Johannistage auf, und das Mädchen erschien ihm auch. Er wurde aufgefordert, die Jungfrau dreimal um den Berg zu tragen, ohne zu sprechen oder zu lachen, was auch passierte. Trotz vieler unheimlicher Gestalten hatte er es fast geschafft, als ihm auf seinem Wege ein lahmes Entenküken begegnete, das humpelnd einen gewaltigen Heuwagen hinter sich herzog. Darüber mußte der Hirte dann doch lachen. Mit einem Wehruf sank das Edelfräulein von seinem Rücken und verschwand wieder in der Tiefe des Berges.

Doch zurück in unsere Tage. Nachdem wir links eingebogen sind, gehen wir geradeaus und biegen vor der Bushaltestelle halbrechts in einen breiten Feldweg ein. Eine typische Feldlandschaft mit Ausblick auf das freie Land erwartet uns. Vor uns her fliegt eine Schar Goldammern. Diese sind in den letzten Jahren seltener geworden. Das auffallende Gelb an Kopf und Brust ist nicht zu übersehen. Die Goldammer bevorzugt offenes Gelände, Felder, Wiesen mit Gebüsch und lichte Feldgehölze. Sie baut ihr Nest nahe am Boden in der Krautschicht. Die Goldammer bleibt im Winter bei uns.

Bald erreichen wir die Flächen der Märkischen Baumschule Marzahne und kommen unmittelbar an der Dorfschmiede auf die Hauptstraße des Ortes. Zur Gaststätte, die ganz am Ende des Dorfes liegt, und auch zur Bushaltestelle müssen wir nach links in den Ort hineingehen.

Ziemlich in der Mitte des Dorfes liegt die Kirche, die sich als rechteckiger Feldsteinbau mit leicht eingezogenem Rechteckchor, im Kern mittelalterlich, präsentiert. Sie wurde nach 1607 durch ein reich profiliertes Holzbalkensims erhöht.

Der Ortsname enstammt dem polabischen marcana = Sumpf. Hierbei fällt uns ein, daß wir um den Ort in nördlicher wie auch in südlicher Richtung zwei Feuchtgebiete finden, die wir zu anderer Gelegenheit in eine Wanderung miteinbeziehen.

Von Fohrde nach Radewege

Um zum Ausgangsort dieser knapp 10 km langen Wanderung zu gelangen, fahren wir mit dem Zug in Richtung Rathenow bis Fohrde. Vom Bahnhof Fohrde hinein bis in den Ort haben wir ca. 15 Minuten zu gehen. Fohrde wird im Norden vom Pritzerber See und der Wiesenniederung um Hohenferchesar, die Fohrder Wiesen (geschütztes Feuchtgebiet) und im Süden von Wald und Ackerland umgeben.

Im 12. Jh. verblieb nur ein kleiner Teil der spätslawischen Siedlungen, da ein starker Zuzug deutscher und flämischer Bauern einsetzte. So berichtet Helmold von Bosan in seiner Slawenchronik: „Schließlich schickte Albrecht der Bär, Markgraf von Brandenburg, als die Slawen allmählich abnahmen, nach Utrecht und den Rheingegenden, ferner zu denen, die am Ozean wohnen und unter der Gewalt des Meeres zu leiden hatten, den Holländern, Seeländern und Flamen, zog von dort viel Volk herbei und ließ in den Burgen und Dörfern der Slawen wohnen. Durch die eintreffenden Zuwanderer wurden auch die Bistümer Brandenburg und Havelberg sehr gekräftigt."

Bis ins 14. und 15. Jahrhundert lassen sich noch slawische Siedlungen nachweisen, danach nicht mehr. Auch die slawische Sprache erlosch und hinterließ nur in den

Ortsnamen ihre Spuren, wie ja sehr viele Dörfer unseres Landkreises auf slawische Wörter zurückzuführen sind. Aber auch die Flamen hinterließen auf gleiche Weise ihre Spuren, und so ist Fohrde auf vorde = schmaler Dammweg zurückzuführen. Aber auch eine Namensübertragung aus Flandern von Voorde in Oostvlaanderen (Belgien) ist möglich.

Nähere Angaben zu Fohrde finden sich in der Streckenbeschreibung „Durchs Bruch rechts vom Pritzerber See“.

Wir gehen durch die breite Hauptstraße von Fohrde bis an ihr Ende und wenden uns nach rechts auf den Feldweg, in den die Straße einmündet. Rechts und links des Weges kommen wir an ehemaligen Tonstichen vorbei, von alten Weiden umstanden. Das Wasser glitzert in der Sonne, ein Schwanenpaar, dicht am Ufer, zischt abwehrend. Der Weg geht in einer leichten Linkskrümmung auf den Gallberg zu. Dieser erhöhte Platz ist gut, um die Vogelwelt in den leicht überschwemmten Wiesen zu unseren Füßen zu beobachten. Watvögel, verschiedene Enten, Fischreiher, Kiebitze, Graugänse mit Jungen, auch Schwäne finden sich auf den Flächen. Rohrweihe, Rotmilan, Mäusebussard und Störche ergänzen die Palette.

Der Weg geht dann abwärts am Waldhang entlang und beschreibt eine Linkskurve auf Hohenferchesar zu. Dieser Ortsname ist ebenfalls flandrischen Ursprungs. Wir betreten den Ort aber nicht, sondern biegen von dem breiten Weg, in den unser bisheriger einmündet, gleich rechts in einen Sandweg, der mit Pflaumengehölz bestanden ist, ein. Der breite, leicht befestigte Weg, der von Hohenferchesar kommt, stellt die kürzeste Ortsverbindung zwischen Hohenferchesar und Brielow dar; die as-

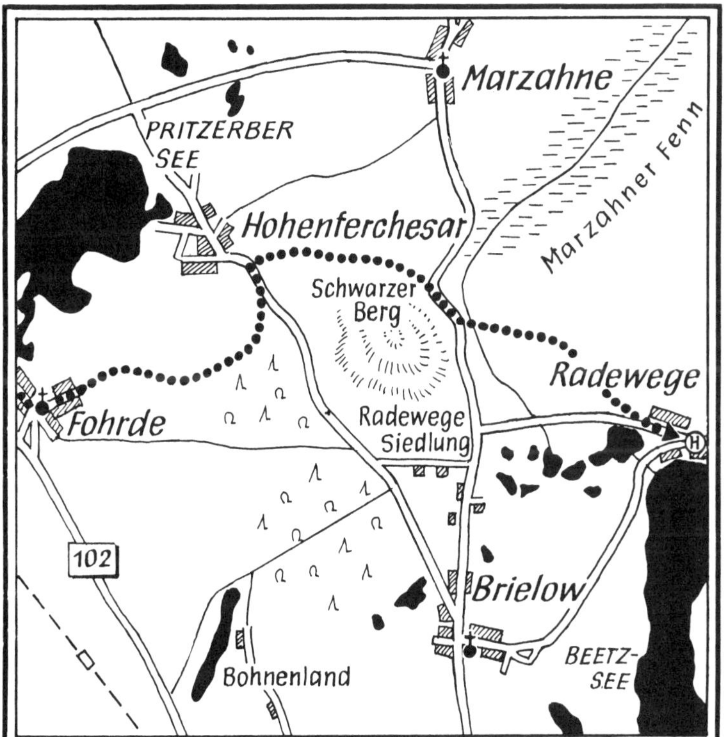

Marzahne
PRITZERBER SEE
Marzahner Fenn
Hohenferchesar
Schwarzer Berg
Radewege
Fohrde
Radewege Siedlung
102
Brielow
BEETZ-SEE
Bohnenland

phaltierte Landstraße über Marzahne nach Brielow ist um 7 km länger.

Der Weg erstreckt sich in fast gerader Richtung bis an die eben erwähnte Chaussee, die früher die einzige Verbindung zwischen Brandenburg und Rathenow herstellte. Im Zuge der industriellen Erschließung von Premnitz wurde eine zweite Straße aus Beton nach Rathenow angelegt, die, weil weniger kurvenreich, weitaus mehr benutzt wird.

An der Chaussee angekommen, wenden wir uns nach rechts und gehen auf der linken Seite der Landstraße weiter, die das Marzahner Fenn begrenzt.

Ein breiter Fahrweg öffnet sich zur Linken und nimmt uns auf. Die linke Abzweigung führt am Rande des Fenns entlang in nördlicher Richtung. Wir aber halten uns geradeaus. In Höhe der Lärchenallee, die wir linkerhand bemerken, können wir noch eine kurze Rastpause einlegen. Diese Lärchen pflanzte ein Bauer aus Radewege vor ungefähr 80 Jahren.

Weitergehend haben wir einen Blick auf verschiedene kleine Gewässer zur Rechten, ehemalige Tonstiche, die als Geschützter Landschaftsbestandteil ausgewiesen sind. Bis 1924 wurde hier das Material für die vielen kleinen Ziegeleien um Radewege und Brielow gewonnen.

Der Feldweg führt an Gebäuden der Agrargesellschaft vorbei und mündet vor der Ortschaft Radewege. Um in den Ort hinein zu kommen, müssen wir die letzten Meter auf der Straße zurücklegen. Mehrere Gaststätten laden zur Stärkung ein, ehe wir von der Mitte des Dorfes aus, wo sich die Bushaltestelle für die Rückkehr nach Brandenburg mit dem D 119 befindet, wieder in die Stadt fahren. Wer möchte, kann vorher noch zum Ufer des Beetzsees gehen und den schönen Blick über den See

Zwischen Brielow und Radewege

genießen. Dazu biegt man nach rechts in einen der engen Durchgänge ein. In der Ferne erkennt man an klaren Tagen die Türme der Stadt, am Abend aber kann man vielleicht die Rohrdommel aus dem Schilf rufen hören.

Vom Bohnenland nach Tieckow

Diese Kurzwanderung führt vom Bahn-Haltepunkt Bohnenland in eins der kleinen an der Havel gelegenen Dörfer, die versteckt nahe den Flußbuchten liegen und sich, abseits der verkehrsreichen Straßen, noch etwas von dem alten Fluidum bewahrt haben.

Wir fahren mit dem Zug, der in Richtung Rathenow ab Hauptbahnhof fährt, und steigen an der 3. Haltestelle aus. Danach überqueren wir die Bahngleise und sehen unmittelbar vor uns einen Waldweg geradeaus verlaufen. Diese Richtung behalten wir bis auf das allerletzte Stück bei.

Die Kolonie Bohnenland hat übrigens ihren Namen tatsächlich daher, daß hier Bohnen angebaut wurden und offensichtlich gut gediehen. Wie auch andere Kolonien im Kreis Brandenburg entstand Bohnenland als Ansiedlung von Spinnern zur Zeit Friedrichs II. Nur wenige Häuser bilden diesen Ortsteil, der zur Stadt Brandenburg gehört. Hier am Haltepunkt ist kein Haus zu sehen, die Kolonie liegt weiter östlich, in Nähe des Bohnenländer Sees.

Wir durchqueren also den Wald und verfolgen unsere Richtung nach Westen. Linkerhand befinden sich Koppeln, rechts Wald, der später in lockeren Baumbestand übergeht. Schließlich wird er von Feldern abgelöst, an deren Ende wir in der Ferne das Dorf Fohrde sehen. Greifvögel kreisen über den Getreideschlägen, vor allem Mäusebussarde und auch ein Rotmilan, der sich von dem ersteren leicht durch den tief gegabelten Schwanz mit der auffälligen rötlichen Färbung unterscheiden läßt. Er wird schon bei Schiller als Gabelweihe erwähnt und auch im Volksmund oft so bezeichnet. Wer genau hinsieht, wird auch feststellen, daß die Art zu segeln bei beiden Greifen unterschiedlich ist.

Auf der linken Seite führt der Weg nun an einer kurzen Häuserzeile vorbei und überquert ein schmales Asphaltband, welches die Zufahrt des Ortes Tieckow zu dieser und weiter hinten links zu der sich fortsetzenden Häuserzeile sichert. Diese abseits gelegenen Wohnstätten bilden die Kolonie Tieckow, die zu dem Dorf gleichen Namens gehört.

Wieder nimmt uns der Wald auf. Der Wechsel von Wald und Feldrainen bietet vielfältigen Pilzarten Wachstumsmöglichkeiten, angefangen vom Nelkenschwindling im Gras über Anisegerling, Parasolpilz bis hin zu Rotfußröhrlingen und Maronen. Achtung! Unter Eichen siedelt gern der tödlich giftige Knollenblätterpilz! Im Zweifelsfalle sollte man immer einen Pilzberater aufsuchen.

Jetzt können wir Tieckow schon sehen. Der Weg, gesäumt von Kiefern, führt im leichten Bogen rechts weiter auf der Chaussee von Tieckow nach Plaue. Auf dieser gehen wir ca. 30 m und biegen in den nächsten Weg links ein, der auch ein Straßenschild trägt und „An der Havel" heißt.

Während dieser „Straßenweg" links weiter zu Wochenendgrundstücken hinleitet, wählen wir einen schmaleren, der rechts herum an einer Baumreihe entlanggeht. Schon sehen wir ein breites, rohr- und schilfbe-

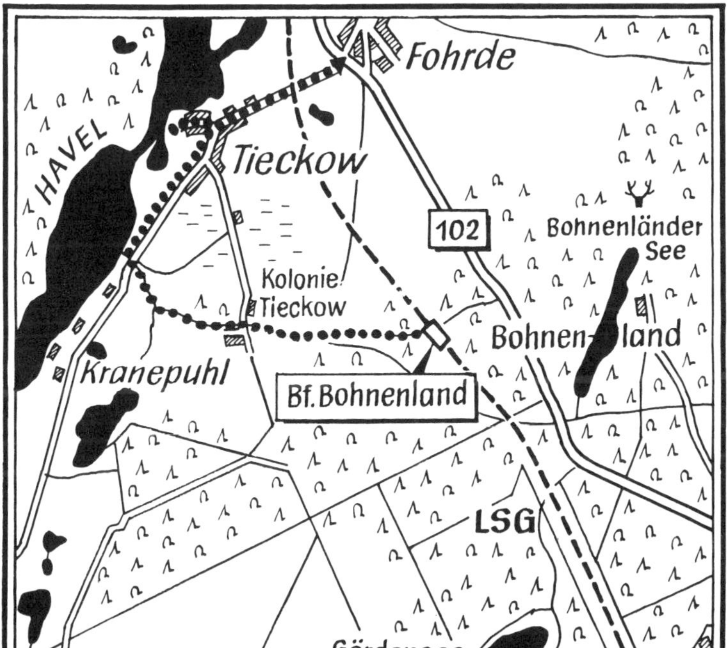
Fohrde
HAVEL
Tieckow
102
Bohnenländer
See
Kolonie
Tieckow
Bohnen-
land
Kranepuhl
Bf.Bohnenland
LSG
Gördensee
Görden

wachsenes Sumpfgebiet, das die Nähe der Havel ankündet. Die ersten Häuser von Tiekow sind erreicht.

Der Ort wurde 1317 erstmals erwähnt, war im Mittelalter wüst und wurde im Dreißigjährigen Krieg durch die Schweden schwer gebrandschatzt. Eine Sage berichtet, daß die Bewohner der ganzen Gegend vor den Schweden flohen, mit ihnen auch die Müller der anderen Dörfer. Nur der Müller von Tieckow war geblieben. Während nun alle anderen Mühlen niedergebrannt wurden, blieb die Tieckower verschont, und der Müller wurde von den Schweden mit reichlichen Aufträgen versehen, an denen er gut verdiente.

Die Tieckower Mühle wurde Anfang unseres Jahrhunderts durch Brand völlig zerstört. Im Königsbalken der Mühle stand außer der Jahreszahl 1697 noch der Spruch

Die Menschen sagen immer:
Die Zeiten werden schlimmer.
Die Zeiten bleiben immer,
Die Menschen werden – dümmer.

Wir gehen in den Ort hinein, am „Gasthaus an der Havel“ (rechte Straßenseite) vorbei zum Fluß hinunter, der hier eine idyllische, ruhige Bucht bildet. Mehrere kleine Badestellen laden ein. Auf einer leichten Anhöhe nach links wurden ein Mühlstein als Tischplatte und Bänke drum herum zur Rast aufgestellt und lassen uns die Landschaft, weit vom Alltag entfernt, in ihrer ganzen Natürlichkeit wie ein Asyl erscheinen.

Von Montag bis Freitag können wir Tieckow mit dem Linienbus D 121 wieder verlassen. Am Wochenende bleibt nur, entweder nach Bohnenland zurückzuwandern oder die 2 km zum Bahnhof Fohrde auf der Landstraße zurückzulegen, um mit dem Zug nach Brandenburg zu kommen.

Von Brielow nach Brandenburg-Görden

Diese Wanderung von 6 km bringt uns in das vor den Toren der Stadt nördlich gelegene Gebiet. Wir fahren mit dem Bus D 114 oder D 119 ab Trauerberg bis Brielow-Dorf. Von der Bushaltestelle aus gehen wir nach links hin in das Dorf hinein und halten uns gleich auf der rechten Seite der Straße. Hinter einem der Häuser können wir auf einem hohen Schornstein ein Storchennest sehen und je nach Jahreszeit die Altvögel beim Füttern oder auch die Flugversuche der Jungvögel beobachten. Die Brielower Störche haben schon oft fünf Junge großgezogen. Wiesen und kleine Teiche sind in der Umgebung genug vorhanden, sodaß das Nahrungsangebot ausreicht.

Wir gehen bis zur Kirche, die in der Mitte der breiten, angerartigen Hauptstraße liegt, betreten den Friedhof und stehen unmittelbar vor einem mächtigen Baumriesen, der Schwedenlinde. Ihren Namen erhielt sie während des Dreißigjährigen Krieges. Bei den Kämpfen um das kleine Fischerdörfchen Brylow fiel ein schwedischer Offizier. Seine Braut beerdigte ihn unter einer Linde, die bereits damals schon das Gelände überragte, um das Grab immer wieder zu finden. Die Linde, die heute 400 bis 500 Jahre zählt, steht jährlich in vollem Grün. 1880 bestand die Gefahr, daß der Baum sich teilen würde. Der Ortsschmied legte deshalb eine Kette von Ast zu Ast, 25

Jahre später dessen Sohn eine zweite, der Enkel eine dritte. Nunmehr wird die Linde von vier Ketten zusammengehalten. Selbstverständlich ist sie als Naturdenkmal ausgewiesen.

Brielow wurde erstmals 1290 erwähnt, befand sich aber ursprünglich mehr östlich am Beetzsee. Der Name geht auf das slawische Bryl = Klumpen, Scholle zurück, was auf das Vorkommen von Raseneisenstein, auch Sumpferz genannt, hindeutet. Raseneisenstein ist eine mineralische Ausfällung von Eisenhydroxy, das mit Ton vermengt ist und durch Manganbakterien vorwiegend in nassen Wiesen entsteht. Hieraus gewannen die Slawen Erz.

Nach der Besichtigung der alten Schwedenlinde gehen wir den Weg bis zur Kreuzung wieder zurück und sehen schräg gegenüber die Gaststätte „Schwedenlinde“. Wir überqueren die Straßenkreuzung, folgen der Hauptstraße noch ein Stück und biegen links in die Plauer Straße ein, die bald in einen Feldweg übergeht. Zu beiden Seiten dehnen sich Felder, dort ist geplant, auf der rechten Seite Eigenheime zu errichten. Turmfalken und Bussarde beherrschen die Lüfte, Rauchschwalben und Feldlerchen über dem Acker, Bachstelzen und Buchfinken trippeln am Wegrand.

Nach Überquerung eines Fahrweges, der von Bohnenland nach Butterlake führt, wandern wir bis zur nächsten Kreuzung, die wir als versetzte Kreuzung behandeln wollen und sie demzufolge überschreiten, um unseren Weg geradeaus fortzusetzen. Hier sehen wir bereits ein 10 x 10 cm großen Zeichen, das einen gelben Balken auf weißem Grund zeigt und auf einen ausgeschilderten markierten Wanderweg hinweist. Wir gehen dem Wanderzeichen nach bis zur Bundesstraße 102, über die wir auf die andere Seite kommen und links am Gra-

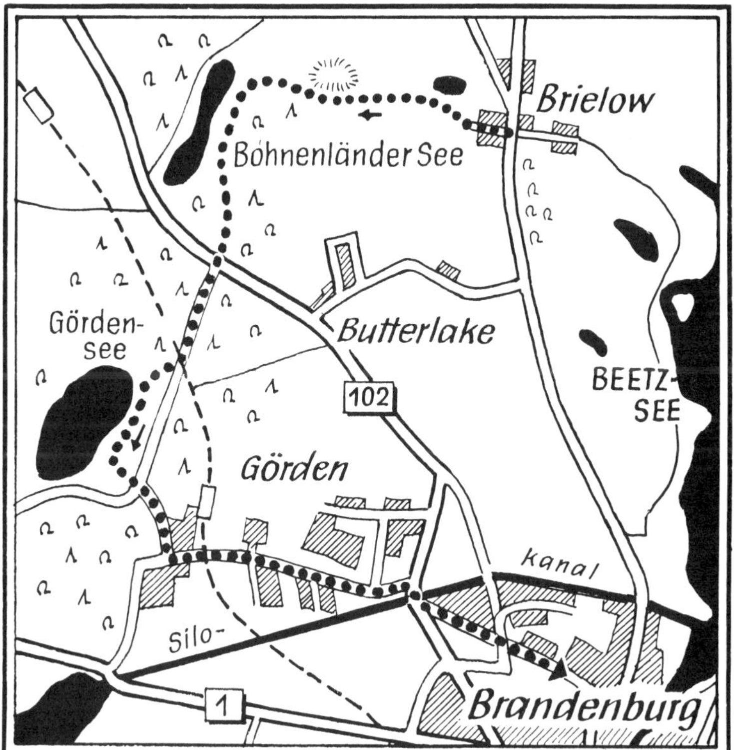

Brielow
Böhnenländer See
Butterlake
Görden-
see
102
BEETZ-
SEE
Görden
Kanal
Silo-
1
Brandenburg

ben entlanggehen. Wer noch zum Bohnenländer See möchte (ca. 1 Stunde Fußweg, wenn man ihn umrundet), überquert nicht die Chaussee, sondern geht auf der anderen Seite des Grabens wieder in den Wald, der aus einem Erlenbruch besteht. Der Graben mündet in einen Pfad, der immer am See entlanggeht und auch gut ausgeschildert ist. Der Bohnenländer See bildete mit dem Gördensee, an den wir noch kommen, eine Schmelzwasserrinne der Eiszeit. Er ist ein stilles, idyllisches Gewässer von nur 20 ha Größe. An seinen Ufern kann man im Herbst die verschiedensten Pilze finden, u.a. auch den Frauentäubling, einen sehr schmackhaften Speisepilz. Ohne diesen Schlenker um den See wandern wir weiter am Graben entlang, biegen auf den Weg links herum ein, an dessen Ende eine große Eiche steht, und wenden uns nach rechts. Ein breiter Fahrweg nimmt uns auf, führt über die Bahnstrecke Brandenburg-Rathenow hinweg und verläuft ein Stück zu ihr parallel. Wir nehmen den zweiten Weg rechts, um am Ostufer des Gördensees unsere Wanderung fortzusetzen. Der erste Weg rechts verläuft am Westufer. Wir bemerken Erlenbruch mit vielen Stockausschlägen und sumpfiges Gelände. Das ist der Zummelt, eine Verlandungszone, die früher die beiden Seen verband. Der Weg ist gut markiert mit dem schon bekannten Zeichen gelber Balken auf weißem Grund. Er führt uns letztlich zur Endhaltestelle der Straßenbahnlinie 4. Der Gördensee ist 61 ha groß und sein umliegendes Gelände ein beliebtes Naherholungsgebiet für Jung und Alt. Auf dem Gördensee lassen sich Haubentaucher, Höckerschwäne, Bleßrallen, Stock- und Tafelenten, Teichrallen und auch Graugänse. Im Zummelt brütet auch jährlich eine Rohrweihe. Schwarz-, Grün- und Buntspecht sind zu hören, Grasmückenarten, die Singdrossel und die Amsel.

Schwedenlinde in Brielow

Mit der Straßenbahn (Linie 1 und 4) erreichen wir schnell die Innenstadt Brandenburgs, die uns nach der Stille im Wald und dem Landschaftserlebnis durch ihre betriebsame Hektik fast erschlägt.

Zu den Mühlen am Verlorenwasser

Nachfolgende Varianten von Wandervorschlägen führen uns zu einigen Mühlen am Verlorenwasserbach. Das Gebiet liegt am Rande des nordwestlichen Flämings und verdankt wie diesem seine Entstehung der Eiszeit.

Wir fahren mit dem Bus D109 ab Trauerberg bis Wollin und folgen der Hauptverkehrsstraße weiter in Fahrtrichtung durch das Dorf. Ein betonierter Fußweg linksseitig der Straße führt an teilweise beschilderten Sträuchern vorbei bis zur Oberschule, an der vorbei wir weitergehen, bis die Chaussee eine Krümmung nach links macht. An dieser Stelle sehen wir auf der anderen Straßenseite einen breiten Waldweg, den wir einschlagen. Um den anderen, rechts davon einbiegenden Weg kümmern wir uns nicht. Unser auffällig breiter Fahrweg bringt uns zum Vorwerk Grüne Aue, das recht malerisch mitten im Wald liegt. Schon unterwegs konnten wir Buchfinken, Zilpzalp, Fitis, Baumpieper, Singdrossel, Amsel und andere Kleinvögel hören, auch lassen sich auf der gesamten Strecke die verschiedensten Pilze während der Sommer- und Herbstmonate finden.

Die grüne Aue existierte als Papiermühle am Verlorenwasser den Wasserzeichen nach zu schließen schon im 18. Jh. Der Besitzer Volksdorf richtete 1860 in Berlin und Köpenick Großhandlungen für Pappfabriken ein und stellte mit zwei Turbinen und einer Dampfmaschine graue und halbweiße Buchbinderpappen bis zu einer Größe von 125 x 210 cm her. Später wurde von der Firma Roßmann eine Mahlmühle eingerichtet, die bis 1936 in Tätigkeit war. Bis 1961 wurde in der Grünen Aue der Strom mit Wasserkraft erzeugt. Heute finden wir dort eine Gärtnerei vor. Bei Besichtigung des Geländes läßt sich aber noch die einstige Lage der Wasserräder erkennen, auch der Mühlgraben.

Wir gehen wieder zurück bis zur Kreuzung. Danach biegen wir rechts ein auf einen Waldweg, an dessen rechter Seite Lichtmasten stehen. Dieser Weg führt geradewegs zur Sägemühle Friesdorf. Schon nach wenigen Metern überqueren wir den munter dahin treibenden Briesener Bach, der in das Verlorenwasser mündet. Wenn das Wetter es zuläßt, können wir an seinen grasbewachsenen Ufern eine Rastpause einlegen. Überhaupt sollten wir uns Zeit nehmen und die verschiedenen Landschaften auf uns wirken lassen. Turteltauben und Spechte sind zu hören. Unter den Lichtmasten finden wir große Anhäufungen von Kiefernzapfen. Das deutet auf Spechtschmieden hin, und beim Absuchen der Masten sehen wir auch die Fugen, in denen noch teilweise Zapfen stecken. Der Buntsprecht klemmt die Zapfen in solche Risse an Lichtmasten gern ein und hackt dann die Samen heraus. Wir wollen ihn einmal dabei beobachten. So sehen wir gerade einen Buntspecht mit einem Zapfen heranfliegen zu seinem Arbeitsplatz, in dem noch der alte Zapfen steckt, den er bereits entsamte. Nun klemmt er umständlich die neue Kiefernfrucht zwischen Bauch und Mast und entfernt das ausgefressene Stück aus der Ritze, angelt den mitgebrachten Zapfen unter seinem Leib hervor, klemmt ihn ein, pickt ihn aus und fliegt davon, um das Spiel von vorn zu beginnen.

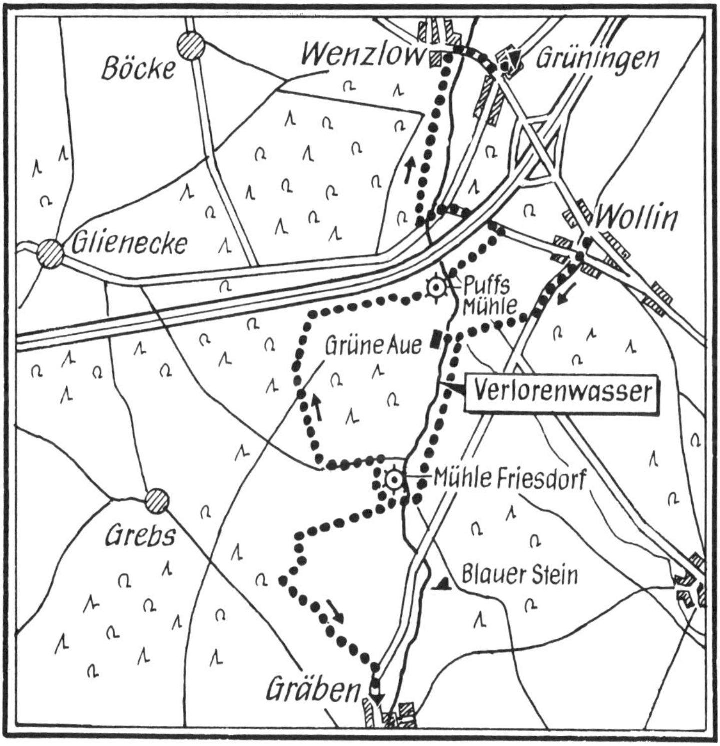
Böcke
Wenzlow
Grüningen
Wollin
Glienecke
Puffs Mühle
Grüne Aue
Verlorenwasser
Mühle Friesdorf
Grebs
Blauer Stein
Gräben

Der Waldweg geht in einen Feldweg über, und sogleich sehen wir auch die Gebäude der Friesdorfer Mühle vor uns. Unmittelbar hinter dem jetzigen Sägewerk biegen wir rechts ein und gehen um das Holzgebäude, in dem das Gatter untergebracht ist, herum, lassen uns durch den Hund nicht weiter stören und können jetzt die Gefällstufe, die etwa 3,50 m beträgt, sehen. Der Überlauf wurde erneuert. Der Besitzer will auch das Wasserrad, dessen Welle wir erkennen können, wieder herstellen.

Zur Geschichte ist zu bemerken, daß 1712 der Papiermacher Johann Caspar Stolze von Schopsdorf mit Erlaubnis Friedrichs I. am Verlorenwasser ein Grundstück zum Bau einer Papiermühle erwarb. Östlich dieses Platzes stand einst ein großes Dorf, das den Namen Friesdorf trug und wüst wurde. Daher bekam dieser alleinstehende Bau den Namen des wüst gewordenen Dorfes. Die Mühle lag im damaligen Amt Ziesar und wurde von 1711–1717 erbaut. 1870 erwarb der Fachgenosse F. W. Stein von der Neuen Mühle bei Magdeburgerforth das schon ziemlich heruntergekommene Gebäude für seinen Schwiegersohn Hermann Krause, in dessen Familienbesitz die Mühle vierzig Jahre verblieb. 1914 wurde der Betrieb stillgelegt, verkauft und ein Teil der Gebäude abgerissen. Nach Angaben des Besitzers Lahn (1970) war aber die Mühle noch bis 1918 in Betrieb und wurde erst 1920 verkauft. Das jetzige Sägewerk ist 1926 errichtet worden. Bis zum Winter 1969/70 wurde hier noch mit Wasserkraft gearbeitet. Da Arme und Felge des Wasserrades gebrochen waren, wurde ein neues Gatter mit E-Betrieb in Angriff genommen. Die Zapfen des oberschlächtigen Mühlrades mit eiserner Welle waren auf Katzenstein gelagert. Die Höchstleistung des Wasserrades betrug 18 PS = 13,2 kW.

Wir lassen das Sägewerk hinter uns liegen, der Wald

nimmt uns auf. Links sehen wir ein paar Wochenendhäuschen stehen und überqueren gleich darauf auch schon wieder das schnell fließende Bächlein, treffen auf einen breiten Waldweg und halten uns links bis zur Kreuzung. An dieser Stelle müssen wir uns entscheiden, ob wir nach Wenzlow oder Gräben wandern wollen.

Doch bleiben wir noch etwas am Verlorenwasser. Es entspringt im Fläming, unweit des Ortes gleichen Namens. Drei Kilometer nördlich von Wenzlow fließt es in die Buckau. Seinen Namen erhielt es, weil es mit einem Male wie weggeschluckt im Boden verschwindet und erst einige Kilometer weiter wieder dem Erdreich entquillt. Mit etwas Glück und Geduld kann man die in unseren Breiten seltenere Gebirgsstelze an seinen Ufern beobachten.

Zurück auf unseren Waldweg, der immer geradeaus durch den Wald führt, falls wir uns entschlossen haben, nach Gräben zu wandern. An der rechten Seite schließt sich ein Feld an, zur Linken begleitet uns weiter der Wald. Wir gehen bis zur Kreuzung an der Jagdkanzel und biegen im rechten Winkel links ab. Bald darauf kommt ein Wassergraben, der den Weg schneidet; wir bleiben auf dem Weg bis zur nächsten Wegkreuzung, biegen hier nach links ab. Felder und Waldstücke wechseln miteinander. Nach kurzer Freistrecke kommen wir wieder in den Wald. Ein Bussard kreist über uns, Singdrosseln sind an ihrem typisch sich ständig drei-viermal wiederholenden Rufen zu erkennen. Auch der Kolkrabe ist hier zu Hause.

Am Ende des Weges sehen wir bereits Gräben vor uns liegen. Während uns zur Rechten noch der Wald das Geleit gibt, haben wir einen weiten Blick in die Landschaft. Allmählich geht der Weg in einen Feldweg über, der in leichtem Bogen auf die Chaussee zugeht und vor dem Dorf auf dieser ausläuft.

Gräben wurde 1375 im Landbuch Kaiser Karl IV. mit drei Feuerstellen erwähnt. Wir gehen durch das sehr saubere Dorf mit gepflegten Vorgärten und sehen uns die Kirche genauer an. Es ist ein langgestreckter durchgehender Feldsteinbau mit westlichem Dachturm aus Fachwerk, im Kern spätgotisch, 1716 und 1846 umgebaut. Das blauweiße Schild am Gebäude besagt, daß es unter Denkmalschutz steht.

Links, gleich hinter der Bushaltestelle, bemerken wir das Sägewerk Gräben. Es arbeitet erst seit 25 Jahren elektrisch und wurde vorher ebenfalls von einem oberschlächtigen Wasserrad angetrieben. Hier ist das Verlorenwasser ein sehr schmaler Bach mit schneller Strömung.

In Gräben gibt es zwei Gaststätten, die eine am Dorfeingang, die andere im Zentrum. Letztere befindet sich näher an der Bushaltestelle, von wo wir mit dem D 109 wieder nach Brandenburg zurückkehren können.

Sollten wir uns aber an besagter Kreuzung für den Weg nach Wenzlow entschieden haben, der statt der vorherigen 8 km Strecke knappe 10 km beträgt, schlagen wir den ersten Weg rechts ein. Wir folgen ihm so lange, bis wir einen Abzweig halbrechts erkennen. Auf diesem wandern wir weiter. An den Geräuschen ist klar ersichtlich, daß wir uns immer mehr der Autobahn nähern und unser Weg sich im weiteren Verlauf rechts neben der Autobahn hinzieht, aber in Höhe eines Parkplatzes wieder in den Wald auf eine Eichenallee zu einmündet. Er führt auf die Puffs Mühle zu. Auch sie wurde durch das Verlorenwasser angetrieben.

Die Puffs Mühle ist 200 Jahre alt. Sie war bis 1951 in Betrieb. In der ersten Zeit war die Mühle Sägewerk, bei dem dichten Waldbestand nicht weiter verwunderlich. Später war es eine Getreidemühle. Der Name geht wahrscheinlich auf den früheren Besitzer zurück. Diese Mühle wird aber auch Ölschlägermühle genannt, weil so der letzte Besitzer hieß, der 1946 verstarb. Von 1946–51 war hier ein Pächter tätig, der sich dann woanders niederließ. Bis 1951 wurden ca. zehn Bäckereien von Brandenburg durch diese Mühle beliefert. Heute ist von den Wasserrädern kaum noch etwas zu finden, sie sind dem Verfall preisgegeben. Es gab drei Wasserräder, ein kleineres, das zur Schneidemühle gehörte, ein größeres für die Mahlmühle und ein drittes für die Stromerzeugung.

Manchmal kann man hier auch eine Wasseramsel beobachten, in unserer Gegend selten. Sie sucht ihre Nahrung unter Wasser und taucht dabei voll ein. Wir haben den immer mehr verfallenden Hofkomplex durchschritten und sehen schräg links einen ausgefahrenen Weg, der uns auf die von Wollin kommende Zufahrt nach Ziesar über die Autobahnbrücke hinweg bringt. Nach Überquerung der Brücke halten wir uns auf dem linken Grasstreifen neben der Landstraße, die Ziesar mit Brandenburg verbindet. Wir begegnen abermals dem Verlorenwasserbach und sehen hinter der Brücke, die über ihn geschlagen wurde, auf der anderen Straßenseite einen Weg rechts in den Wald führen. Diesem folgen wir und gelangen auf ihm bis in das Dorf Wenzlow.

Auch in Wenzlow gab es eine Mühle, die vom Verlorenwasser angetrieben wurde. Sie wurde als Fachwerkbau 1896 erbaut, brannte ab und wurde neu errichtet. Etwa 1917 wurde eine Franzisdurchströmturbine mit ca. 17 PS eingebaut. Da aber die Leistung später nicht ausreichte, wurde die Turbine durch elektrischen Antrieb unterstützt und beide gekoppelt. Heute wird die Mühle, die Bäckereien in Görzke, Wenzlow und Brandenburg beliefert, nur noch elektrisch betrieben. Der Verlorenwasserbach fließt nicht mehr an der Mühle vorbei, sein Bett liegt trocken; das Gefälle betrug ehemals 4,5 m.

In Wenzlow stehen zwei Gaststätten für eine Stärkung zur Verfügung, ehe wir der Hauptverkehrsstraße an der Kreuzung rechts herum folgen, noch einmal auf der kleinen Brücke das Flämingwässerchen mit dem seltsamen Namen abschiednehmend überqueren und nach einer kurzen Freifläche beiderseits des Weges die Ortschaft Grüningen betreten (auch hier ist noch rechterhand eine Gaststätte), von wo wir die Rückfahrt mit den Buslinien D 109 oder D 112 nach Brandenburg antreten.

Es gibt aber noch eine dritte Variante. Wir fahren wieder bis Wollin, gehen in Fahrtrichtung des Busses weiter und biegen rechts in die Mühlenstraße ab. Diese führt direkt bis bzw. über die Autobahn. Vor der Überbrükkung biegen wir links in den Fahrweg ein, der uns bis zum Gelände der Puffs Mühle bringt. Nachdem wir (mit den Informationen aus der vorigen Variante) uns alles angesehen haben, folgen wir dem Weg, der an den Lichtmasten entlang weiter zur Grünen Aue führt und halten uns dann an die erste Empfehlung. Man kann aber auch zuerst den Weg zur Grünen Aue wandern, über die Mühle Friesdorf weiter wie im zweiten Vorschlag zur Puffs Mühle gehen und statt nach Wenzlow wieder nach Wollin zurückkehren, indem man nicht über die Autobahnbrücke geht, sondern rechts herum schwenkt und in der Wolliner Mühlenstraße heraus kommt.

Wie man sieht, der Möglichkeiten gibt es viele, und man kann sich die Strecke je nach eigenen Wünschen zusammenstellen.

Ringwanderung Dahlen – Nonnenheide – Försterei Dangelsdorf – Werbig – Verlorenwasser – Dahlen (ca. 20 km)

Diese Wanderung kann man, wie eigentlich jede andere, zu jeder Jahreszeit unternehmen, aber ich möchte sie besonders für den Winter empfehlen, da man durch die hier ausgedehnten Waldgebiete am Rande des Flämings eine schöne Skiwanderung machen kann, zumal man bis Dahlen mit dem Auto fahren und es hier bis zur Rückkunft parken kann. Man geht ein Stück zurück, biegt in den ersten Weg links ein, der auf den von der Landstraße kommenden einmündet.

Wer aber mit dem Bus fährt, steigt in den D 109 am Trauerberg und löst bis Abzweig Dahlen. Wir gehen dann ein kurzes Stück in Fahrtrichtung des Busses weiter und zweigen in den sich linksseitig der Landstraße auftuenden Waldweg, der leicht hügelan steigt, ab. Wir gehen immer geradeaus durch Kiefernwald verschiedenen Alters einschließlich einer Aufforstung, hören Spechte und Wintergoldhähnchen, überqueren eine breite Kreuzung und wandern weiter hügelabwärts, bis wir an eine Weggabel kommen. Dieses ganze Waldstück heißt die Nonnenheide, weil es ehemals zum Nonnenkloster Ziesar gehörte.

Auf der linken Weggabel gerät man zum Forsthaus Nonnenheide, wir nehmen den rechten Zweig und sehen an der Ecke, wo ein weiterer Weg nach links auch zum

Forsthaus führt, einen Baumstamm stehen, aus dem ein pfeiferauchender Mann gehauen ist. An ihm vorbei führt unser Weg weiter geradeaus, bis zum zweiten Weg rechts ab, den wir an hohen Fichten vorbei etwa 120 m weit gehen.

Und jetzt müssen wir genau hinschauen! Auf der anderen Seite des Weges erkennt man zwischen Eichen und Unterholz die Ruine der Kirche von Dangelsdorf. Im Sommer wird sie so von Laub verdeckt, daß man wesentlich mehr Mühe aufwenden muß, um sie zu finden. Dangelsdorf wurde im Landbuch Kaiser Karls IV. 1375 als Ort mit 24 Hufen vermerkt, wurde aber im 14. oder 15. Jh. wie viele andere Flämingdörfer wegen des schlechten Bodens verlassen und wüst. Der Westgiebel der ehemaligen Kirche des Dorfes weist noch eine Höhe von ca. 12–15 m auf, während der Ostgiebel bis zur Hälfte verfallen ist. Wohl aber sind noch die Seitenmauern als Fundamente zu erkennen und lassen die Größe des Baues ahnen. Die Vermessung der Kirche durch Mitglieder des Arbeitskreises für Ur- und Frühgeschichte nach römischen Füßen ergab eine Länge von 24 und eine Breite von 9,5 Gradus (1 Gradus = 29,5 cm). Leider werden die Steine der Ruine als Souvenir abgetragen und das, obwohl sie unter Denkmalschutz steht! Insgesamt gibt es drei solcher Kirchenruinen im Fläming, je eine noch in Elsholz und in Schleesen. Obgleich das Dorf Dangelsdorf wüst wurde, ist doch der Name für die Försterei, auf die wir als nächstes zusteuern, und für ein Vorwerk unweit davon erhalten geblieben.

Während wir uns im Sommer an Buchfink, Singdrossel, Fitis, Zipzalp und verschiedenen Grasmücken erfreuen können, hören wir jetzt im Winter verschiedene Meisenarten, auch Rotkehlchen und Wintergoldhähnchen.

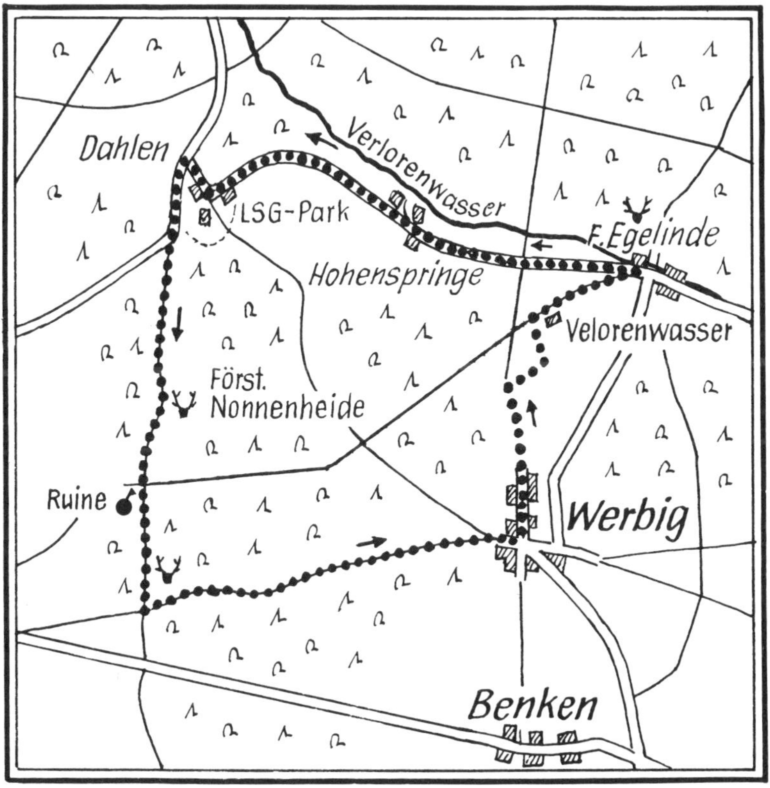
Dahlen
Verlorenwasser
LSG-Park
Hohenspringe
F. Egelinde
Velorenwasser
Förstr.
Nonnenheide
Ruine
Werbig
Benken

Wir gehen jetzt nicht denselben Weg zurück, sondern stehen, nachdem wir die Ruine besichtigt und wieder auf dem Weg zurückgegangen sind, vor einer Gabel; von links kamen wir, jetzt gehen wir nach rechts und stehen gleich darauf auf einer Kreuzung. Hier können wir uns entscheiden, ob wir nach rechts zur Försterei Dangelsdorf und über Werbig nach Verlorenwasser gehen wollen oder gleich zum Örtchen Verlorenwasser, wodurch sich die Strecke um ca. 5 km verkürzt. Wählen wir die zweite Variante (sie ist die kürzeste Ortsverbindung zwischen Görzke und Verlorenwasser), so führt der Weg schnurstraks geradeaus über mehrere Kreuzungen hinweg. Wir jedoch wenden uns nach rechts und kommen auf diesem recht breiten Weg zur Försterei Dangelsdorf, deren Gebäude und eine kleine Schaftrift in einer Senke liegen.

Wir umrunden das Anwesen zur Hälfte in entgegengesetzter Uhrzeigerrichtung und kommen damit automatisch auf den Weg nach Werbig in östlicher Richtung. Die Försterei bleibt linkerhand liegen. Mehrere aufeinander gestapelte Kiefernstämme, sogen. Polter, säumen unseren Weg, denn Holzeinschlag wird nur in der vegetationslosen Periode vorgenommen. Hier kann man auch schon mal eine Rast einlegen.

Ab Mitte Februar etwa kann man auch damit rechnen, auf lichten Flächen schon der Heidelerche zu begegnen. Sie bewohnt größere Brachflächen, Kahlschläge, Waldblößen und dünne Waldränder an trockenen Kiefernstandorten. Trockene, sandige Habitate mit geringer Bodenvegetation werden von ihr bevorzugt. Sie brütet am Boden in Erdmulden und zieht zwei Bruten aus jeweils vier bis fünf Eiern hoch.

Ein anderer Vogel, der durch seinen markanten Ruf „grok-grok" schon wiederholt auf sich aufmerksam machte, ist der Kolkrabe. Nachdem er bis vor einigen

Jahren auf der Roten Liste stand, hat der Bestand sich durch den Schutz sehr gut erholt, und er ist wieder überall zu beobachten. Er beginnt sehr zeitig (Januar/Februar) mit der Balz, und die ersten Gelege kann man schon in der ersten Märzhälfte konstatieren, flügge Jungvögel bereits in den ersten Maitagen. Der Kolkrabe ist größer als der Mäusebussard und ist an dem keilförmigen Schwanzende leicht von Krähen zu unterscheiden. Während der Balz zeigt er geradezu akrobatische Flugspiele.

Wir nähern uns Werbig und sehen schon die Häuser. An der rechten Seite unseres Weges finden wir, unter Birken abgelagert, Steinlesehaufen. Wenn wir uns diese genauer ansehen, so werden wir leicht darunter etliche Windkanter feststellen. Das sind Steine, die durch vom Wind bewegte Sandmassen facettenförmig geschliffen sind. Man nennt sie auch Dreikanter. Im Potsdam-Museum sind einige Windkanter in der Abt. Natur und Umwelt ausgestellt.

Werbig bedeutet wahrscheinlich „Ort, wo es Weiden gibt“, es kann sich aber auch um einen aus den Niederlanden übertragenen Namen handeln. Hier kann man in der Gaststätte „Zur Erholung“, die sich an der Ecke der breit angelegten Dorfstraße befindet, auf die wir zukommen, einkehren.

Die Dorfkirche, auf einer Anhöhe stehend, ist ein mittelalterlicher, 1760 nach Osten verlängerter rechteckiger Feldsteinbau. Über dem Westgiebel erhebt sich ein quadratischer Fachwerk-Dachturm. Die gepflegte Koniferenanlage gibt ihr eine gelungene Umrahmung.

Nachdem wir durch den Ort, an der Kirche vorbei, gewandert sind, gehen wir weiter geradeaus, während die Asphaltstraße nach Verlorenwasser nach rechts verläuft. Wir kommen am Friedhof vorbei, gehen geradeaus, bis wir rechts auf einen anfangs mit kleinen

Feldsteinen bepflasterten, sich krümmenden Weg kommen. Dieser stößt später auf einen Fahrweg, auf welchem wir zum Ort Verlorenwasser gelangen, in dem wir rechts herum in ihn einschwenken. Dieser Fahrweg ist übrigens der, der in gerader Linie von der Kirchenruine Dangelsdorf bzw. von Görzke kommt.

Noch vor dem aus acht Gehöften bestehenden Ort überqueren wir den Flämingbach Verlorenwasser. Rechts sehen wir einen Teich, der vermutlich zu einer früheren Mühle gehörte und das Überlaufbecken darstellte, da sich von der kleinen Brücke aus auch eine Gefällstufe erkennen läßt.

Das Verlorenwasser entspringt unweit des Ortes gleichen Namens östlich im Wald, d. h. es bildet sich aus vielen Sickerquellen und sprudelt dann munter in Mäandern durch die Bäume. Es verschwindet aber später wie weggeschluckt im Boden und tritt erst einige Kilometer weiter wieder zutage. Zwischen Mahlenzien und Wendgräben mündet der Bach in die Buckau. In ihm gibt es verschiedene geschützte Wildfische wie die Schmerle, das Bachneunauge, den Gründling, die wir selten woanders finden.

Im Örtchen Verlorenwasser nimmt uns die Gaststätte „Zur Hirschtränke" auf. In der gemütlichen Gaststube können wir immer mit einer guten Bewirtung rechnen, nur Mittwochs ist Ruhetag.

Zur Ortschaft Dahlen zurück sind es nunmehr noch 5 km. Wir schlagen den Weg, den wir kamen, ein, nehmen aber an der kurz darauf folgenden Gabelung den rechten Zweig. Das ist der Höhenweg, der uns oberhalb der weiter rechterhand verlaufenden Landstraße geradeaus durch den Wald nach Dahlen führt. Vor uns tauchen plötzlich einige Häuser, auch Wochenendbauten, auf, die den Ortsteil Hohenspringe bilden. Durch die Gehöfte schlängelt sich ein weiterer Flämingbach, der Hohenspringbach, der bis vor wenigen Jahren auch das Trinkwasser für die kleine Gemeinde lieferte.

Der Weg überquert eine große, sandige Kreuzung, wie ja der Fläming zum großen Teil überhaupt aus Eiszeitsandern besteht.

Nun sehen wir schon die Häuser von Dahlen auftauchen. Rechts des letzten Stückes Weg finden wir seltene Bäume vor, z.B. die Sumpfeiche, die durch ihre herabhängenden Zweige und die anders geformten, schmalen Blätter mit tiefen Buchten auch dem Laien auffällt. Dahlen bietet uns Besonderheiten und hebt sich damit aus den bereits kennengelernten Ansiedlungen heraus. Da ist zunächst die kleine Kirche und der daneben stehende Glockenstuhl. Der Fachwerkbau ist von 1732, ebenso der Kanzelaltar, der Taufengel und die Westempore mit den Wappenmalereien. Diese Kirche ist mit dem Denkmalzeichen als geschütztes Gebäude gekennzeichnet. Der Glockenstuhl trägt eine, laut Inschrift, in der bekannten Gießerei Schilling zu Apolda gegossene Glocke.

Das ehemalige Gutshaus (Schloß) derer von Schierstedt (Patronatsloge ebenfalls in der Kirche) ist heute ein Alten- und Pflegeheim des Landkreises Brandenburg. Ein Epitaph der Familie v. Schierstedt findet sich außerdem in der Kirche von Görzke. Das Gutshaus ist ein rechteckiger Putzbau von zwei Geschossen unter flachem Satteldach, vor Mitte des 19. Jh. im Stil der Schinkel-Schule erbaut. Das Vestibül ist noch größtenteils im ursprünglichen Zustand erhalten. Der vor einigen Jahren angefügte Erweiterungsbau paßt sich dem Hauptgebäude gut an.

Um das Gelände herum schließt sich der ehemalige Schloßpark an, der einst im englichen Landschaftsstil angelegt wurde. Er ist sehr vernachlässigt und Park wie auch Teich sollten wiederhergestellt werden. Die größte Aufmerksamkeit dürfte wohl die riesige Hemlocktanne finden, die ca. 500 Jahre alt ist. Wer will, kann auch in Dahlen noch einkehren, ehe er mit dem Pkw oder dem Bus D 109 wieder nach Brandenburg zurückkehrt.

Von Gräben zum Quellgebiet Gesundbrunnen

Wir fahren mit dem Bus D 109 ab Trauerberg und benutzen am besten den ersten frühmorgens, nicht nur, weil es sich morgens am besten wandert, sondern auch, weil wir nach der 10 km langen Tour die günstigeren Rückkehrmöglichkeiten haben.

In Gräben angekommen, gehen wir in Fahrtrichtung des Busses weiter, an der Gemeindeverwaltung vorbei, die rechterhand liegen bleibt, und benutzen den Fahrweg, der geradeaus in den Wald führt, während die Chaussee hier in einem Bogen nach links nach Dahlen verläuft und in Görzke endet. Leichter Frühnebel hüllt die Landschaft in Dunst, während wir etwas hügelan wandern, an den letzten Häusern von Gräben vorbei, ehe uns der Wald aufnimmt. Bald hören die Lichtmasten zu unserer Rechten auf, unser Auge erfreut sich an der Freifläche rechts und dem Wald links, unser Ohr an dem Gesang der Heidelerche und dem melodischen Jubelruf der Mönchsgrasmücke. Und da steht doch mitten auf dem Weg ein Rehbock – bis er uns erkennt und mit einem Satz zwischen den Bäumen verschwindet. Fitis und Singdrossel mischen sich ein, auch ein Buchfink schlägt. Der Gesang des Fitis ist dem des Buchfinken ähnlich, hat aber ein melodisches Abfallen in der Strophe. Im Aussehen ist er dem Zilpzalp ähnlich. Sein Nest wird am Boden angelegt und überdeckt. Die Mönchsgrasmücke dagegen siedelt sich etwas höher an, in Gebüschen, im Unterholz. Man kann sie leicht an der Kopfplatte erkennen, das Männchen mit schwarzer, das Weibchen mit brauner. Daher hat sie auch ihren Namen erhalten. Sie brütet zweimal, im Mai und im Juli, jeweils 14 Tage. Das Gelege enthält 4–6 Eier. Zuweilen benutzt der Kuckuck sie als Wirt. Mit ihrem flötenden Gesang von besonderer Klangschönheit erfreut uns die Mönchsgrasmücke bereits ab Mitte April. Im Sept./Okt. verläßt sie uns und zieht in das afrikanische Winterquartier. Ihre Hauptnahrung besteht aus Insekten.

Im Gras und über den Jungkiefern liegen ausgebreitet, mit schillernden Tautropfen behangen, Spinnwebschirmchen. Wir überqueren nach und nach vier Kreuzungen, sehen einen Schwarzspecht fliegen und so manchen Pilz zu Seiten des Weges, der immer geradeaus verläuft, bis er auf einen Fahrweg stößt. Wir biegen rechts ab, zur Linken das eingezäunte Gelände des Gebäudekomplexes Struwenberg, heute ein Sozialobjekt. Der erste Weg links ab, der teilweise asphaltiert ist, führt uns um die Gebäude herum.

Struwenberg wurde von dem Millionär von Hiller, der Besitzungen in Deutsch-Südwest-Afrika hatte, erbaut. Das eigentliche Wohnhaus läßt sich leicht von den später erfolgten Anbauten ausmachen. Nach dem Kriege diente es als Staatssicherheitsobjekt und wurde nach 1989 als Sozialeinrichtung einer besseren Verwendung zugeführt.

Die asphaltierte Straße überquert den Riembach, ein munteres Flämingbächlein, das durch weitere Quellfließe unterwegs Zuwachs erhält, ehe es in die Buckau mündet. Wir wandern weiter und biegen in den ersten Weg rechts ein und am zweiten Lichtmast in den links

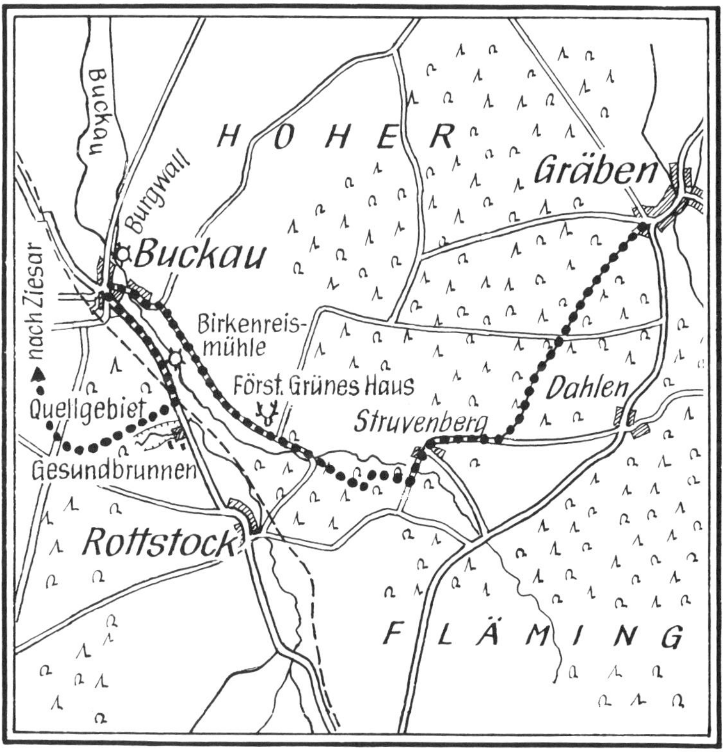
Buckau
H O H E R
Burgwall
Gräben
Buckau
nach Ziesar
Birkenreis-
mühle
Först. Grünes Haus
Dahlen
Quellgebiet
Struvenberg
Gesundbrunnen
Rottstock
F L Ä M I N G

abzweigenden Waldweg, der sich etwas windet, und folgen dann dem dritten Weg, der sich rechts bietet und letztendlich auf einen breiten Fahrweg führt. Wir hören bereits die Arbeitsgeräusche des neu erstellten Sägewerks, sehen es auch durch die Bäume schimmern. Es gehört zum „Grünen Haus“, einer Försterei hier im Gebiet der Görzker Kirchenheide.

Weites Wiesengelände, der Bach, den wir abermals überqueren und der einst die Fischzuchtteiche mit den Rhododendronbüschen auf kleiner Insel darin speiste, passen so recht zu der lieblichen Landschaft, die wir hier vorfinden. An der Försterei vorbei führt ein Weg links weiter zum Ziel, das Sägewerk bleibt rechts liegen. Der Weg ist mit Birken gesäumt, Fichten, Douglasien, Lärchen, Kiefern, Eichen bieten einen erfreulichen Mischwald, in dem auch der Waldlaubsänger zu Hause ist. Hier können wir vielleicht auch eine Frühstückspause einlegen, falls vorher noch keine Gelegenheit dazu war. Der Waldlaubsänger, mitunter auch Waldschwirrvogel wegen seines Gesanges genannt, ist ein kleiner Vogel mit gelblich grüner Oberseite, einem gelben Überaugenstreif, mit gelber Kehle und gelber Brust. Wir werden ihn aber kaum zu sehen bekommen, aber ihn desto eher hören. Sein Gesang klingt in einem längeren Schwirren aus und ist daher gut zu identifizieren. Das Weibchen brütet einmal jährlich. Der Waldlaubsänger bewohnt von April/Mai bis August/September lichte Laub- und Mischwälder.

Weiter geradeaus gelangen wir schließlich nach Buckow und biegen vor dem Ort links in den Feldweg ein, der uns bis an die Chaussee führt. Wir betreten sie nach links hin und kommen unterwegs, bevor wir das Bahngleis der Strecke Görzke–Ziesar überschreiten, an der Birkenreismühle vorbei. Sie entstand an dieser Stelle im 17 Jh. und ist über dreihundert Jahre alt.

Eigentlich hieß sie Mühle im Birkenreis (Hain, wo man Reiser zum Besenbinder schnitt). Sie stand früher an einem anderen Platz und wurde hier erbaut, weil der alte Mühlenbach durch ein Naturereignis austrocknete. Doch dazu kommen wir noch.

Schon im 6. Jh. gab es bei den Germanen Wassermühlen. Bis zum 8 Jh. waren Mühlenwerke und Wasser Gemeingut aller. Es gab noch keinen Müller; jeder Bauer mahlte sein Getreide selbst. Es gab nur ein Mühlengesetz, das die Mahlordnung bestimmte. Daher stammt das noch heute gebräuchliche Sprichwort: Wer zuerst kommt, mahlt zuerst. Durch die Herrschaft der Kirche bzw. der Bischöfe, wurde dann zur Regelung des Mahlbetriebes und zur Überwachung und Instandhaltung des Mahlwerkes ein Beamter, althochdeutsch mulinari, Müller, eingesetzt. Da dieser pachtpflichtig war, wurde von da an Bezahlung für das Mahlen gefordert.

Im Birkenreis stießen drei Gemarkungen aufeinander: Prammsdorf, Buckau und die Görzker Kirchenheide. Der Bach war die Grenze, und diese durfte um keinen Preis überschritten werden. Deshalb nahmen die Gemeinden einen Tausch vor.

Die Mühle arbeitete als Schneidemühle, ging aber dann zum Mahlbetrieb über. Als erster Besitzer ist 1698 ein Schneidemüller Haamann im Birkenreis urkundlich erwähnt. Seit 1968 stehen die Wasserräder der Birkenreismühle still. Danach wurde noch mit Elektrokraft Schrot gemahlen.

Wir müssen auf der Chaussee ca. 1 km auf der linken Seite hinter uns bringen, bis wir auf der anderen Seite der Straße einen grasbewachsenen Weg erkennen, auf dem wir unseren Weg fortsetzen. Danach biegen wir in den ersten Weg links ein. Am Ende führt er uns rechts herum weiter, und wenig später zweigt ein Fußpfad links ab, der uns in ein schluchtenreiches Gelände von besonderer Schönheit und Einmaligkeit führt. Tief unten rauscht das Gesundbrunnenwasser, von vielen Quellen gespeist. Bänke laden zum Verweilen ein, und wer mag, kann die Pfade benutzen, die um den Quellkessel führen. Früher gab es auch Stege an den schmalsten Stellen über das Wasser, leider sind sie inzwischen verrottet und noch nicht wieder hergestellt. Ohne Sorge kann man das frische Quellwasser trinken. Das ganze Gebiet ist als Flächennaturdenkmal ausgewiesen. Wir bleiben eine Weile und hören dem Wasser zu.

Hier kann man auch die an den Flämingbächen vorkommende Gebirgsstelze beobachten. Ihre Oberseite ist blaugrau, die Brust im Sommer leuchtend gelb, die Kehle des Männchens schwarz, des Weibchens weiß und der lange, schwarzgraue Schwanz mit den weißen Außenkanten verrät die Stelze. Der Gesang ähnelt dem der Bachstelze. Ihr Nest baut sie in Uferhöhlungen oder unter Baumwurzeln, wozu sie gerade hier reiche Möglichkeiten findet. Sie gehört zu den Strich- und Standvögeln unserer Heimat. Auch den Waldbaumläufer bemerken wir. Er klettert auf der Suche nach Insekten in Spiralen an Baumstämmen hoch und fliegt, oben angekommen, abwärts zum nächsten Stammfuß, um wieder serpentinenartig die Spitze zu erklettern. Daran erkennt man ihn wie auch den Gartenbaumläufer ohne Schwierigkeit. Beide auseinanderzuhalten, ist nur nach dem Gesang möglich. Einer Chroniknotiz zufolge entstand der Talkessel des Gesundbrunnens am 23. Mai 1659. Was sich heute als tiefe Einsenkung darstellt, war bis zur Mitte des 17. Jh. ein Hügelrücken wie viele andere in dieser Gegend. Am nordöstlichen Fuß des Berges stand eine Mühle. Während eines Unwetters am 23. Mai 1659 gingen wolkenbruchartige Regenfälle nieder, und unter der Gewalt der niederstürzenden Wassermassen und der Last der Bäume brach der vom Wasser ausgehöhlte Hügel zusammen. Es entstand diese Senke, die sich schnell mit Wasser füllte. Das Wasser suchte sich einen neuen Abfluß nach Osten, und mit der Zeit spülte sich der Gesundbrunnenbach in seiner heutigen Form und Schönheit sein Bett in den Boden. Das ehemalige Bachbett trocknete aus, und damit verlor die von ihm angetriebene Mühle ihren Standort. Der Name Gesundbrunnen kommt daher, daß ein Kuhhirte, der das Quellgebiet als erster nach dem Unwetter entdeckte, dieses als heilkräftig ausgab. So wurde Buckau, auch nachzulesen im Kirchenbuch, zeitweise zum Wallfahrtsort. Von nah und fern strömten Lahme, Schwindsüchtige und unheilbar Kranke herbei und suchten durch das Wasser Heilung. Die Buckauer Kirche wurde als Wallfahrtskirche bekannt. Da sich aber keine Heilerfolge zeigten, sondern viele Pilger hier starben, weil sich ihre letzten Kräfte durch die Reise aufzehrten, verlor sich der Ruf bald, und nur der Name blieb. Der Quellkessel ist bis heute sehr intensiv. An seinem Abfluß wurden 90 Liter in der Sekunde gemessen.

Nach längerem Verweilen treten wir den Rückweg an. Die Gebäude, die wir vorhin schon linkerhand sahen und die jetzt auf dem Rückweg natürlich rechts liegen, gehören zu einer Forellenzuchtanlage, die durch das Wasser des Gesundbrunnens gespeist wird. Die paar Schritte dorthin sollten uns vom Kauf eines Fisches nicht abhalten. Wir gehen denselben Weg, den wir kamen, wieder zurück, an der Birkenreismühle vorbei bis zur Bushaltestelle, die gleich dahinter liegt. Hier können wir den Bus D 110 besteigen, der uns nach Ziesar bzw. nach Brandenburg bringt. Wir können aber auch wieder auf der Chaussee bis nach Buckau wandern, um das Örtchen noch zu besichtigen. Buckau wurde 946 urkundlich erstmalig erwähnt, ist aber älter, denn Heinrich I. (919–936) ließ das Wendendorf Buckau durch Deutsche besiedeln. Der Ortsname ist slawischen Ursprungs (buckaw-weißrussisch ist heute noch aw = au) und bedeutet Rotbuchendorf, das Flüßchen gleichen Namens Rotbuchenbach. Das Dorf ist ein typisches Gassendorf, das 929 deutsch war. Die Kirche wurde 1150 errichtet als Wehrkirche und ist ein romanischer Feldsteinbau. Die heutige Gestalt ist durch Anfügen eines Backsteinturmhauses und Aufführung des Turmes um 1860 entstanden. Hinter dem Ort befindet sich noch der Rest eines slawischen Burgwalls, schwer aufzufinden und kaum zu erkennen. Scherben werden bis heute nach dem Umpflügen in seiner Nähe aufgelesen. Die Anlage wurde buchstäblich weggeackert, und die letzten Steine verwendete man im vorigen Jahrhundert für den Bau der Landstraße. Die Burg hat wie alle Slawenburgen inmitten eines Sumpfes gelegen. Auch heute noch schmatzt die Wiese unter unseren Füßen. Von Buckau gelangt man ebenfalls mit dem Bus D 110 nach Ziesar und weiter nach Brandenburg. Vor der Weiterfahrt sollte man noch in Ziesar verweilen, die Burg mit dem restaurierten Bergfried und dem Storchenturm der Vorburg, in dem Hans von Quitzow drei Jahre gefangen saß, anschauen. Auch die auf dem Burghof gelegene Kapelle oder auch die wiederhergestellte Stadtkirche sind sehenswert. Sich auf den Naturlehrpfad um die Alte See (Naturschutzgebiet) zu begeben, steht natürlich jedem frei und ist auf jeden Fall dem zu empfehlen, der nach der Wanderung dazu noch Lust und Kraft verspürt.

Von Gräben nach Wenzlow

Diese Wanderung (15 km) kann mit der von Wenzlow nach Brandenburg-Wilhelmsdorf (12 km) von trainierten Wanderern auch in einem Zug bewältigt werden. Beide Strecken werden aber für sich getrennt beschrieben.

Wir fahren mit dem Bus D 109 ab Trauerberg bis Gräben. In Gräben selbst würde es sich lohnen, ein paar Schritte in die Richtung, aus der wir kamen, zurückzugehen, um die Kirche, die unter Denkmalschutz steht, besser betrachten zu können. Es ist ein langgestreckter, rechteckiger Feldsteinbau, im Kern spätgotisch. Nach einem Brand 1846 wurde sie neu ausgebaut, aus dieser Zeit stammt auch der Turmaufsatz in Fachwerkbauweise.

Danach gehen wir wieder in Fahrtrichtung des Busses in den Ort hinein, bis wir vor uns das Gebäude der Gemeindeverwaltung, durch verschiedene umlaufende Straßen wie auf einer Dreiecksinsel stehend, sehen. Wir wenden uns hier gleich nach rechts und sofort wieder nach rechts in die befestigte Straße, die nach Grebs führt. Der Waldweg geradeaus führt nach Buckau und der Weg an der Gemeindeverwaltung vorbei geradeaus durch den Wald nach Struwenberg, während die Chaussee an Dahlen vorbei bis nach Görzke reicht, wo auch die Buslinie D 109 endet.

Die befestigte Straße läuft ganz geradeaus durch Kiefernwald bis nach Grebs. Um die Füße zu schonen, kann man längere Strecken rechts oder links der Straße auf dem Grasstreifen wandern. Es geht leicht hügelan, und von der Kuppe aus kann man schon bald Grebs liegen sehen.

Die Straße ist von Rainfarn, Habichtskraut, Schafgarbe, Johanniskraut und dem in Horsten wachsenden blaugrünen Silbergras gesäumt. Der Rainfarn fällt uns durch die doppelt fiederschnittigen, wechselständig angeordneten Blätter und die halbkugelförmigen, goldgelben röhrigen Blüten auf. Die ganze Pflanze riecht sehr aromatisch. Der Rainfarn blüht von Juli bis September. Er ist auch als Heilpflanze bekannt. Das blühende Kraut läßt sich getrocknet für Wintersträuße verwenden und soll auch Motten fernhalten, denn eine alte Bauernweisheit besagt: Mottenfrei das ganze Haus durch einen trocknen Rainfarnstrauß.

Das kleine Habichtskraut, 5–30 cm hoch, finden wir oft an Waldrändern. Die Blätter sind breitlanzettlich und unterseits weiß-filzig, die Blütenstände goldgelb. Dieses kleine Kraut bedeckt oft große Flächen und ist ein Vertreter der Trockenrasenflora wie auch das Silbergras. Dieses steif-aufrechte borstliche Gras ist eine Pionierpflanze auf losem Sandboden.

Das Johanniskraut blüht von Ende Juni (24. 6. = Johannistag) bis Ende August. Das ist sein volkstümlicher Name, eigentlich heißt es Tüpfelhartheu. Im Mittelalter wurde es Teufelsfuchtel genannt. Man schrieb ihm besondere Kräfte gegen den Teufel und die Zauberei zu. In heidnischen Zeiten wurden Opfertiere, Altäre und Götterbilder mit Johanniskraut geschmückt. Wenn man die Blätter gegen die Sonne hält, gewahrt man viele helle Punkte (Tüpfel), die durch die im Blattgewebe vorhan-

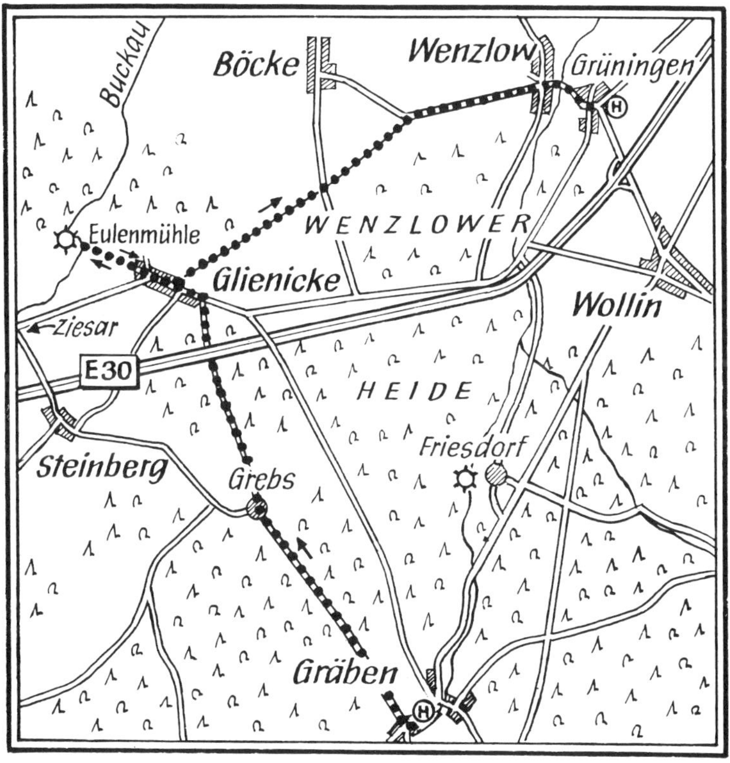
Buckau
Böcke
Wenzlow
Grüningen
H
Eulenmühle
WENZLOWER
Glienicke
Wollin
Ziesar
E30
HEIDE
Steinberg
Grebs
Friesdorf
Gräben
H

denen Ölzellen gebildet werden. Der Name Hartheu ist auf die harten Stengel zurückzuführen. Früher erzählte man, daß der Teufel die Punkte durch Nadelstiche verursacht habe, weil er über die Macht dieser Pflanze erbost war und ihr schaden wollte. Wenn man die dunkelgelben Blüten zerreibt, sondern sie einen roten Farbstoff ab. Das Johanniskraut – zur Blütezeit wird das ganze Kraut geschnitten und kopfüber zum Trocknen aufgehängt – ergibt einen wohlschmeckenden Tee, der vor allem beruhigende Wirkung hat. Schon Paracelsus empfahl, die Pflanze im Aufgange der Sonne (in aurora) oder in der Dämmerung (in diluculo) zu sammeln, und auch Dioskurides erwähnt sie. In allen Kräuterbüchern des Mittelalters wird sie aufgeführt, aber auch in der heutigen Literatur.

Inzwischen sind wir in Grebs angekommen, das sich noch den märkischen Dorfcharakter bewahrt hat. Der Name kommt wahrscheinlich von scharren, graben. Es gibt übrigens noch einen weiteren Ort gleichen Namens im Kreis zwischen Brandenburg und Lehnin. Wir bleiben nicht lange in Grebs, durchqueren den Ort eigentlich nur, indem unser Weg über eine Kreuzung hinweg gleich weiterführt, erst als Feld-, dann als Waldweg geradeaus bis nach Glienicke. Kurz hinter Grebs überqueren wir noch ein Bächlein, ehe wir in den Wald kommen. Der Weg führt unter der Autobahn hindurch.

Die gesamte Wanderstrecke ist auch ein sehr geeignetes Pilzsammelgebiet, wo man, vom Pfifferling angefangen, über Marone, Butterpilz, Steinpilz, den verschiedenen Täublingen, bis hin zu Grünlingen eine reichliche Mahlzeit ernten kann.

In Glienicke angekommen, schwenken wir links in den Ort hinein, an der Kirche vorbei. Es ist ein spätromanischer Feldsteinbau mit eingezogenem Chor. Beim

Rundgang um das Gebäude sehen wir, daß die Apsis und die tonnengewölbte Sakristei an der Nordseite abgebrochen worden sind. Der Turm ist nur im Untergeschoß spätromanisch, der weitere Aufbau aus Fachwerk und mit Schweifhaube stammt von 1911. Von den Öffnungen sind nur die rundbogigen Portale an der Südseite original. Wir behalten die Richtung bei bis dort, wo die Straße einen Knick macht. Wir sehen einen Feldweg, den wir einschlagen und der uns zur Eulenmühle führt.

Man sieht die Eulenmühle schon von weitem baumumstanden voraus. Der Feldweg dorthin ist mit Pflaumengehölz bestanden. Lerchen steigen von den Feldern auf, Sperlinge spektakeln in den Hecken, Buchfinken schlagen, aber auch ein Hausrotschwanz bleibt zutraulich am Weg sitzen. Natürlich hat der Bussard hier ebenfalls seine Jagdgründe. Über dem Wald hört man den Kolkraben.

Schon sehen wir die Buckau, die Gebäude der Mühle, und laufen neugierig durch das Gelände, das ein Sägewerk beherbergt. Zu unserer großen Freude – der Weg hat sich gelohnt! – erblicken wir ein in Betrieb befindliches mittelschlächtiges Wasserrad, das munter von der Buckau angetrieben wird. Die einzige noch funktionstüchtige Wassermühle des Kreises Brandenburg!

Urkunden zufolge muß die Mühle schon vor dem Dreißigjährigen Krieg bestanden haben. Sie gehörte früher zum Amt Ziesar und war eine Mahlmühle. Die „im Schwedischen Kriege wüst gelegene Mühle" war 1685 wieder neu aufgebaut worden – heute würde man das Rekonstruktion nennen. Es gab viel Streitigkeiten zwischen dem Besitzer Witthuhn und den Obrigkeiten, denn dadurch, daß die umliegenden Orte eigene Mühlen erhielten, gingen die Einnahmen des Müllers zurück, und er konnte die Pacht nicht zahlen. Er verlangte, daß seiner

Mühle mehr Zwangsmahlgäste zugeordnet würden. Zeitweise war auch daran gedacht, eine Papiermühle dort einzurichten. 1777 wurde der zweite Mahlgang als Ölmühle genutzt. Der Mühlenbesitzer Wilhelm Köhler belieferte das Dorf Glienicke bis 1924 (ab wann?) mit elektrischem Strom. Ab 1927 ist Otto Schmücker Besitzer der Eulenmühle, der zuerst noch in alter Tradition wieder Getreide mahlte; jetzt arbeitet die Eulenmühle als Schneidemühle (Sägewerk). Strom wird nur noch für den eigenen Bedarf erzeugt.

Der Name Eulenmühle ist entweder auf die sehr abgelegene Gegend am Wald oder aber auf Ölmühle zurückzuführen.

Hier halten sich auch Vögel auf, die selten bei uns sind und an der Eulenmühle letzte Rückzugsgebiete fanden. Die Gebirgsstelze ist hier ebenso zu finden wie der Eisvogel und die Wasseramsel.

Die Buckau, an deren Ufer wir an einer Stelle auch Brunnenkresse finden, lädt zur Rast ein, falls wir nicht die Gaststätte in Glienicke vorziehen. Noch ist dieser Flecken ein ruhiger, idyllischer Ort.

Wir müssen auf dem Wege, auf dem wir kamen, auch wieder bis Glienicke zurück. Wer hier die Wanderung abbrechen möchte, kann mit dem Bus der Ziesarer Linie D 112 wieder nach Brandenburg zurückkehren. Ansonsten gehen wir bis zur Mitte des Ortes, wo die Kreuzung ist, und biegen links ab. Nach wenigen Metern müssen wir vor der Trafostation rechts den Feldweg nehmen. Die Trafostation bleibt links liegen. Rechterhand am Friedhof vorbei bleiben wir jetzt immer auf dem Weg geradeaus bis Wenzlow. Unterwegs kreuzt eine Straße unseren Weg. Sie führt zu dem Ort Böcke, den wir lange immer linkerhand liegen sehen. Anfänglich verläuft der Weg durch freie Feldlandschaft, dann durch Kiefernwald und streckenweise auch am Waldrand entlang.

Der Zilpzalp begleitet uns – der einzige Kleinvogel, der sich jedem Laien sofort einprägt, da er seinen Namen mit lang anhaltender Ausdauer eintönig durch den Wald ruft. Er ist aber genauso in Feuchtgebieten, in Parks und Gärten zu hören. Er ist ein Zugvogel und kommt sehr zeitig zurück; gewöhnlich um den ersten April herum kündet sein Zilpzalp von der Rückkehr, und oft hört man ihn noch nach Septemberende. Er baut sein Nest am Boden mit Seiteneingang. Noch eher als der Zilpzalp, nämlich schon im März, kommt die Singdrossel zurück. Auch diese ist verhältnismäßig schnell für einen Laien zu identifizieren, da sie die einzelnen Motive ihres sehr abwechslungsreichen Gesanges drei- bis viermal wiederholt, ehe sie ein neues Motiv ohne Übergang anschlägt. Sie ist hellbraun mit gelblich-weißer, schwarzbraun gefleckter Brust. Sie bewohnt Laub- und Nadelwälder, auch Parks. Ihre Nahrung besteht aus Schnecken, Würmern, Insekten, Beeren. Das Nest ist eine Napfform, deren Innenseite sorgfältig geglättet ist. 4–5 Eier bilden das vollständige Gelege im April wie auch im Juli. Die Jungen sitzen etwa 14 Tage im Nest und verlassen es noch nicht ganz flugfähig. Ende September, Anfang Oktober verläßt uns die Singdrossel wieder. Außerdem können wir auf der gesamten Wanderstrecke Buchfink, Fitis, Kleiber, Baumpieper, Waldlaubsänger, Garten- und Mönchsgrasmücke hören. Natürlich auch Bunt- und Schwarzspecht.

Währenddessen sind wir in Wenzlow angekommen und können uns in der Gaststätte eine Ruhepause gönnen. Oder aber wir gehen noch den einen Kilometer bis Grüningen, von wo wir auch mit dem Bus D 109 oder D 112 die Rückfahrt antreten, und kehren dort ein. Nach

Grüningen kommen wir, indem wir in Wenzlow bis zur Kreuzung gehen, hier rechts herum und geradeaus über den Verlorenwasserbach. Zu beiden Seiten der Straße trennt eine Grünfläche den Ort Wenzlow von Grüningen; die Bushaltestelle befindet sich links zum Ortsausgang hin.

Von Wenzlow nach Wilhelmsdorf

(Fortsetzung der Wanderung „Von Gräben nach Wenzlow")

Nach einer Pause in der Wenzlower Gaststätte bleiben wir auf derselben Straßenseite und bewegen uns geradeaus durch den Ort bis ans Ende der Straße.

Wer aber hier erst die Wanderung beginnen möchte, fährt mit dem Bus D 109 resp. D 112 vom Trauerberg bis Grüningen und biegt rechts in die Straße nach Wenzlow ein, geht bis zur Kreuzung und wieder rechts bis ans Ende der sehr breiten Dorfstraße, die sich nach links herum fortsetzt als Chaussee nach Mahlenzien. Wir überqueren die Fahrbahn und stehen vor dem Haus Nr. 57. Links davon führt ein Pfad durch eingezäunte Gärten in den Wald, der uns durch Hochwald, Stangenkiefern, Schonung bis an ein Feld bringt. Früher ging der Weg geradeaus durch das Feld weiter (sogar auf alten Karten eingezeichnet) und an den Koppelpfählen entlang direkt auf Mahlenzien zu. Indem wir jetzt den Waldweg gingen, haben wir uns ein Stück Chaussee und Autoabgase gespart, sehen uns aber gezwungen, nun nach links zwischen Wald und Feld auf die Chaussee zuzuwandern, um dann auf dieser rechts herunter nach Mahlenzien zu kommen.

Mehrmals fallen uns spatzengroße Vögel mit zitronengelber Brust auf, die am Feldrand auffliegen und hin und her von einer Seite zur anderen über die Landstraße pendeln: Goldammern. Sie sind seit einigen Jahren auch nicht mehr so häufig anzutreffen. Die Goldammern bewohnen offenes Gelände, Felder, Wiesen mit Gebüsch und Waldränder. Das Nest wird nahe am Boden gebaut, 3–5 Eier bilden das Gelege. Die Goldammer ist ein Standvogel.

Wir kommen über zwei Brücken, die die Buckau überqueren. Der erste Wasserlauf, auch Holzbuckau genannt, ist ein Nebenarm, der später vereinigt mit dem Verlorenwasserbach wieder in das Muttergewässer fließt. Die Quelle der Buckau, die in den Breitlingsee mündet, befindet sich südlich von Görzke im Kreis Belzig.

Wir gehen geradeaus in den Ort Mahlenzien hinein, der um 1370 das erstemal urkundlich im Lehnsregister erwähnt wurde. Er war Besitztum der Familie von Sandau (1376), dann ab 1470 derer v. Grabow, und bis 1945 gehörte der Ort der Familie von Schierstedt. Leider ist das ehemalige Gutshaus nur noch eine hohlfenstrige Ruine, und auch die Kirche, ein rechteckig verputzter Feldsteinbau, der im Kern mittelalterlich ist, ist in einem desolaten Zustand. Über der Westtür befindet sich noch ein Wappen der Familie von Schierstedt (Sandsteinrelief). Westlich des Dorfes ist noch ein slawischer Burgwall zu finden. Im ausgehenden 6. und 7. Jh. wanderten aus dem östlichen und südöstlichen Europa slawische Stammesgruppen in das von Germanen nur dünn besiedelte Gebiet der Havel ein. Diese frühslawische Besiedlung unseres Gebietes ist durch kleinräumige Burgen (Buckau, Görzke, Mahlenzien, Riewend) und Brandbestattungen in Flach- oder Hügelgräbern (bei Saaringen) gekennzeichnet.

Heute hat Mahlenzien für Brandenburg durch die Errichtung eines modernen Wasserwerkes für die Trink-

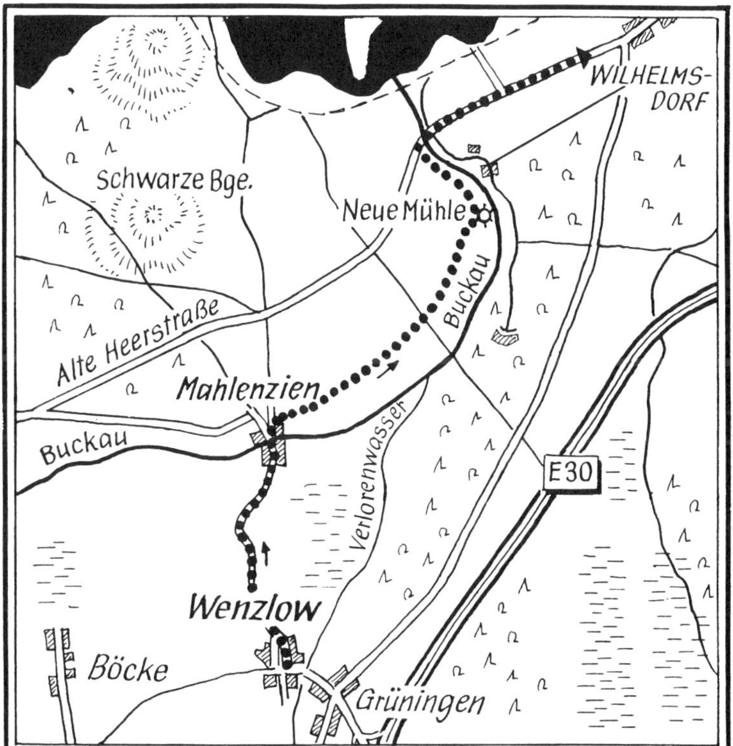

WILHELMS-
DORF
Schwarze Bge.
Neue Mühle
Buckau
Alte Heerstraße
Mahlenzien
Buckau
Verlorenwasser
E30
Wenzlow
Böcke
Grüningen

wasserversorgung der Stadt besondere Bedeutung gewonnen. Wir werden auch nachher auf unserem Weg des öfteren auf Schilder „Trinkwasserschutzgebiet“ stoßen. Solche Gebiete sind gewissen Beschränkungen unterworfen, was die Nutzung anbetrifft, um eine Beeinträchtigung der Wasserqualität auszuschließen.

Auf der Kreuzung mitten im Dorf angekommen, schwenken wir rechts ein und befinden uns auf einem breiten Fahrweg, der immer geradeaus durch den Wald führt. Der Kiefernbestand ist teilweise mit Buchen, Birken und Eichen sowie lichtem Unterholz aufgelockert. Wer Lust und Zeit hat, sollte hier ruhig links und rechts des Weges nach Pilzen schauen. Durch die verschiedenen Baumarten dürfte auch das Spektrum dieser Waldfrüchte etwas breiter sein. Unter den Eichen sind bei guter Witterung und entsprechendem Wachstum auch Steinpilze zu erwarten, doch Vorsicht, auch der tödlich giftige Grüne Knollenblätterpilz siedelt sich gerade hier gern an. Da der Stiel mit der knolligen Verdickung, die in einer weißen bis grünlichen Hülltasche steckt, oft tief im Boden sitzt, ist es ratsam, den ganzen Pilz mit dem Messer aus dem Boden zu heben, denn er ist leicht mit dem grünen Täubling und auch mit Egerlingen und sogar dem Grünling zu verwechseln! Bei Unklarheiten frage man am besten einen Pilzberater.

Wälder haben viele Funktionen. Nicht nur, daß sie das Klima beeinflussen; sie reinigen und verbessern auch die Luft, da sie wie ein Filter wirken. Je nach Holzart können bis über 65 t Staub je Hektar Waldfläche gebunden werden. Außerdem wird der Wasserhaushalt beeinflußt, 1 qm Wald staut 5–6 cbm Wasser. Nicht von ungefähr also haben wir in diesem großen Waldgebiet ein Trinkwasserschutzgebiet. Im Waldboden (vor allem durch das Wurzelwerk der Pflanzen und Bäume) wird

An der Buckau

Wasser (Schmelz- und Regenwasser) gespeichert und langsam an die umliegende Landschaft abgegeben. Und nicht zuletzt bietet der Wald uns physische und psychische Erholung.

Nach ca. einer Stunde gabelt sich unser Weg und bietet zwei Möglichkeiten: der rechte Zweig führt uns, indem wir den ersten Weg, der von diesem nach links abbiegt, einschlagen, zur Buckaubrücke. Wir wandern über diese hinweg durch den Ort Görisgräben weiter links hinaus auf einen Fahrweg, der noch eine Weile durch Wald verläuft, dann an den Gebäuden der Fischereigenossenschaft vorbei zum markierten Wanderweg nach Wilhelmsdorf. Der linke Zweig bringt uns in einem Bogen nach rechts auf die Neue Mühle zu, wo man an den Wochenenden noch zu einer Rast einkehren kann, Sonnabend und Sonntag von 14–18 Uhr geöffnet. Dieser Weg ist übrigens kürzer als der über Görisgräben.

Ab Neue Mühle benutzt man den markierten Wanderweg weiß-gelb-weiß und kann entweder den Pfad unmittelbar vor bzw. hinter der Brücke und dem Überfall einschlagen, der uns an der Buckau entlangführt, durch einen Auwald bis an die alte Heerstraße. Dort biegen wir rechts ein und gehen geradewegs auf Wilhelmsdorf zu. Dieser Weg ist aber entschieden länger, als wenn wir die Neue Mühle linkerhand hinter uns lassen, den Pfad durch die Schonung nehmen und den Markierungen folgen, die uns nach ca. einer Stunde nach Wilhelmsdorf bringen.

Johannes C. Prittwitz

Mark Brandenburg
Wanderbuch 1

188 Seiten mit Kartenskizzen und 19 s/w-Abbildungen,
2., durchgesehene Auflage 1991, Franz. Brosch.
ISBN 3 87776 125 9

Der Autor, dessen Interesse an Berlin und seiner Umgebung durch seine Aufsichtstätigkeit als Student im Berlin-Museum geweckt wurde, hat in den vergangenen Jahren für zwei Berliner Volkshochschulen viele Wanderungen in der DDR durchgeführt und dabei 80 »Routen« erarbeitet. Die zwanzig interessantesten und schönsten hat er für diesen Band zusammengestellt. Dazu zählen Wanderungen entlang der Erpe und im Gamengrund ebenso wie solche durch die märkische Schweiz oder zu den Gosener Höhen an der Oder, nach Marxwalde, dem früheren Neu-Hardenberg, oder nach Cottbus, auf dem Fontaneweg oder nach »Klein-Venedig«.

Zum Sommersitz der Königin Luise nach Paretz • Von Kremmen nach Oranienburg • Zum Wukensee und Wukuhlenberg bei Biesenthal • Vom Wandlitzsee durch das Briesetal nach Birkenwerder • Zur Baumblüte nach Werder • Von Behnitz nach Bollmannsruh • Von Rhinow nach Hohenauen • Havellandschaft an den Götzer Bergen • Von Eberswalde nach Kloster Chorin • Die Markgrafensteine bei Rauen • Von Neuhardenberg nach Buckow • Kloster Neuzelle und das Oderland • Durch die Oderauen zum Reitweiner Sporn • Die Bollersdorfer Höhen in der Märkische Schweiz • Von Jamlitz nach Lieberose • Von Köpernitz zum Schloß Rheinsberg • Von Lindow nach Gransee • Von Belzig nach Wiesenburg • Von Ringenwalde zum Sabinensee • Die Templiner Kirchenheide

Stapp Verlag Berlin